KB091926

세계의진실을가리는
50가지 고정관념

50 Idées reçues sur l'état du monde (ISBN 978 2 200 27520 4) by Pascal Boniface
ⓒ Armand Colin Publisher, 2012, 3e
All Rights Reserved.

Korean translation copyright ⓒ 2015, Booksea Publishing Co.
The Korean edition is published by arrangement with, ARMAND COLIN S.A.S., Paris, France,
through Literary Agency Greenbook, Seoul.
All rights reserved.

본문에 사용된 모든 이미지의 출처는 위키피디아(http://en.wikipedia.org/)이며, 각 이미지의 저작자는 다음과 같습니다.
14 Stephan Brunker **18** dawvon **30** Robert **42** Futuretrillionaire **46** Elcobbola **58** Yuryi Abramochkin **62** chenisyuan
70 Salvatore Barbera **102** Steve Swayne **114** Beppe Briguglio, Patrizia Pulga, Medardo Pedrini, Marco Vaccari
122 United States Army **126** World Economic Forum **130** Doug Waldron **138** katmere
150 Presidential Press and Information Office **158** Jean-Leon Gerome **162** Martin23230 **166** Rama
170 Tristan Nitot **174** Romain Breget **178** Habib M'henni **182** Magharebia **186** Victor Soares **194** legio09
198 Email4mobile **206** National Defense University

세계의 진실을 가리는 50가지 고정관념

국제뉴스를 의심해야 세계가 보인다

초판 1쇄 발행 2015년 1월 5일 \ **초판 4쇄 발행** 2016년 11월 20일
지은이 파스칼 보니파스 \ **옮긴이** 이명은 \ **펴낸이** 이영선 \ **편집 이사** 강영선
주간 김선정 \ **편집장** 김문정 \ **편집** 임경훈 김종훈 하선정 유선 \ **디자인** 김회량 정경아
마케팅 김일신 이호석 김연수 \ **관리** 박정래 손미경 김동욱

펴낸곳 서해문집 \ **출판등록** 1989년 3월 16일(제406-2005-000047호)
주소 경기도 파주시 광인사길 217(파주출판도시) \ **전화** (031)955-7470 \ **팩스** (031)955-7469
홈페이지 www.booksea.co.kr \ **이메일** shmj21@hanmail.net

ISBN 978-89-7483-702-0 03340
값 10,900원

이 도서의 국립중앙도서관 출판시도서목록(CIP)은 e-CIP 홈페이지(http://www.nl.go.kr/ecip)에서
이용하실 수 있습니다.(CIP제어번호: CIP2014033373)

세계의 진실을 가리는 50가지 고정관념

파스칼 보니파스 지음

이명은 옮김

50 Idées reçues sur l'état du monde

국제뉴스를 의심해야
세계가 보인다

서해문집

균형감각을 위한 훌륭한 길잡이

홍세화
협동조합 '가장자리' 이사장, 〈말과 활〉 편집인

생각하는 존재인 인간은 자기 앞에 펼쳐지는 모든 현상에 대해 이해하고 싶어 한다. 말을 하기 시작한 어린이가 제일 많이 사용하는 단어는 단연 '엄마'인데, 그다음으로 많이 사용하는 단어가 "왜?"라고 한다. 세상을 이해하고 싶어서 끊임없이 질문하는 것인데, 그런 질문을 접하면 우리는 곧 어려움에 봉착하게 된다. 그것은 세상이 워낙 방대한 데다 빠르게 변화하면서 더욱 복잡해지고 있기 때문이다. 이 난관 앞에서 우리는 어떻게 할까?

이 책의 저자가 머리글에서 강조하듯이, 우리는 두 가지 유혹에 빠지게 된다. 하나는 이른바 전문가들의 해석을 추종하는 것이고, 또 하나는 복잡한 세상을 단순화시키는 것이다. 전자는 내가 아닌 다른 사람의 해석을 따른다는 점에서, 후자는 복잡한 세상을 단순화하여 이해하려 한다는 점에서 세상을 잘못 이해하게 할 수 있다. 그렇지만 직접 보고 듣지 못하는 국제문제에 관해서는 이 두 가지를 위험보다는 당연한 일로 받아들이는 게 우리의 실상이다.

　이런 상황에 처한 우리가 세상에 진실인양 널리 유포되고 있는 고정관념, 통념의 포로가 되지 않기는 무척 어렵다. 고정관념, 통념이란 쉽게 말해, 수많은 사람들이 함께 빠져 있는 '확신의 함정'이라고 할 수 있다. 실제로 우리는 확신의 함정에 빠져 있는데, 확신하고 있으므로 함정에 빠져 있는지조차 인식하지 못한다.

　이 책은 국제문제에서 우리가 당연한 상식처럼 받아들이고 있는 고정관념과 통념 중 50개의 이슈를 선정하고 그것들에 대해 섬세한 눈으로 다시 살펴볼 것을 요청하고 있다. 50개의 이슈로 오늘날 세계에서 벌어지고 있는 모든 일을 섭렵할 수는 없겠지만, 중요한 사안들인 이 문제들에 관해 균형감각을 가질 수 있다면 다른 문제들에 대해서도 올바르게 이해할 수 있는 시각을 가질 수 있을 것이다. 이를테면, 이 책은 세계의 문제를 바라보는 데 있어서 균형감각을 갖게 하는 훌륭한 길잡이라 하겠다. 특히 분단 상황에서 나와 타자의 관계를, '선과 악', '흑과 백', '도 아니면 모' 식의 이분법적 사고 틀에 갇혀 바라볼 뿐만 아니라, 국제문제와 관련된 정보를 거의 미국에 의존하고 있는 우리에게는 단비와도 같은 책이다. 또한 "이 책에 나오는 것들은 물론, 책에 쓰인 모든 것에는 이론의 여지가 있다"고 말하는 저자의 열린 자세도 평가할 만하다.

　두말할 것도 없이, 저자가 프랑스인이니만큼 국제관계를 바라보는 관점에 있어서 프랑스 중심, 나아가 서방 중심이라는 한계에서 자유로울 수 없다. 하지만 그 한계는 그만의 것이라고 할 수 없다. 가령 이 책에서도 9·11테러 이후 〈르몽드〉 신문이 '우리는 모두 미국인이다'라는 사설을 썼던 일을 상기시키고 있는데, 미국의 부시 행정부가 대량살상무기를 핑계로 이라크를 침략했을 때, 과문의 탓인지 나는 서방의 어떤 신문도 '우리는 모두 이라크인이다'라는 제목의 사설을 썼다는 얘기를 들어보지 못했다. 그럼에도 이 책을 읽는 독자는 수긍하겠지만, 같은 서방에 속하지만 특히 미국과의 관계에서 역사적·지정학적인 배경에 의해 프랑스 고유의 차이점이 있듯이, 프랑스인만이 가질 수 있는 견해와 시선이 있다는 것을 부정할 수 없다. 요컨대, 한반도인 또는 한국인으로서 우리 스스로 미국의 시각과 정보를 빌리지 않고 세계를 온전히 바라볼 수 있는 눈을 가질 때까지, 또는 그런 눈을 갖기 위해서도 이 책은 좋은 디딤돌이 될 것이다.

세상은 점점 복잡해지고 있고, 그것을 해석하는 일은 점점 어려워지고 있습니다. 그에 따라 우리는 고도의 전문가들에게 그 해석을 떠넘겨버리고 싶은 유혹에 빠질 때가 많습니다. 그렇게 되면 전문가들은 자신들의 독점적 위치를 지키기 위해 폐쇄적 영역을 정하고 비전문가들이 접근하지 못하게 할 것입니다. 우리가 갖게 되는 두 번째 유혹은 모든 것을 단순화시키는 것입니다. 어떤 현상에 대한 이해의 틀을 두 개의 상반된 요소, 즉 '선과 악' '동지와 적' '우리와 남'으로 축소하고, 그것이 보편적 이해의 방법이라고 간주하는 것입니다. 세상이 두 개의 요소로 구성되어 있다고 단정하고 그중 하나를 선택하는 것은 쉬운 일입니다. 그러나 전문가들이 사용하는 어려운 전문용어가 그들이 상황을 잘 이해하고 있다는 것을 의미하지 않는 것처럼, 국제적인 문제에 관하여 알아듣기 쉽게 말하는 것이 반드시 과도한 단순화를 의미하지는 않습니다.

국제적인 문제들도 고정관념과 사회통념을 비껴갈 수 없습니다. 전문적 지식이 없는 일반인들만 통념에 영향을 받는다고 생각하는 것 자체가 또 하나의 커다란 통념 중 하나입니다.

정치인, 외교관, 관료, 교육자, 연구자, 신문기자도 마찬가지입니다. 때때로 몇몇 사람들이 자신들의 신념이나 이익에 부합한다고 판단하여 의도적으로 이 통념들을 유포시키는 일이 있지만, 대체적으로는 정말로 그렇게 믿기에 퍼져나갑니다. 통념을 퍼뜨리는 사람들이 진정성을 가지고 전파시키고, 그 내용을 진정으로 확신하기에, 이것들은 그만큼 강하게 뿌리내리게 됩니다.

고정관념과 통념은 사방에서 찾을 수 있습니다. 인터넷뿐만 아니라, 신문, 잡지, 교양 도서와 학술서적은 물론 정치 토론에 이르기까지 고정관념과 통념으로 가득하며 이러한 것들이 진실인 것처럼 보이는 일은 흔합니다. 왜냐하면 이것들은 완전히 환상은 아니고,

상식에 속하는 것처럼 보이기 때문입니다. 많은 이들이 이러한 고정관념과 통념이 퍼져나가는 것을 보게 됨에 따라 그것은 증거로서의 효능을 획득하게 됩니다. 일반적으로, 통념은 현실에 뿌리를 두고 있으나 그로부터 오해가 생겨납니다.

이 책에서는 세계적 이슈들에 관해 가장 널리 퍼진 고정관념이나 사회통념들 가운데 50개를 선정하여 다루었습니다. 사람들이 그러한 생각을 갖는 이유와 그 증거를 제시한 다음에(통념의 증거와 이유는 눈에 잘 띄도록 별도 표기), 이것들의 이면, 즉 겉모습 속에 숨어 있는 현실을 보여주려 애썼습니다.

초판의 원고를 잘 옮겨준 사브리나 콩투, 2판을 맡아준 엘로디 파주, 3판을 담당한 마갈리 베르나르에게 감사를 전합니다. 또한 귀중한 조언을 해준 장 피에르 몰니, 디디에 빌리옹, 알렉상드르 튀에

용, 그외 나엘 소제트에게 감사를 전합니다. 엘레오노르 탄타르디니는 엄밀하면서도 정확하고 적절한 교정을 해주었습니다. 발레리 플롱브는 효과적으로, 그리고 열성적으로 이 책의 초판 발행을 진행했고, 그 뒤를 이은 두 판은 스테판 뷰로가 책임져 주었습니다.

차 례

추천의 글

머리글

1

보통 저자는 하나의 견해를
옹호하고 자신의 입장을
표명합니다. 때로는 공개적으로,
때로는 은폐된 방법으로 자신의
생각에 유리하도록 독자에게
은밀한 영향력을 행사합니다.

책에 쓰인 내용은
믿을 만하다

대중에게 책은 지식과 그 지식 전달의 상징이다. 책을 쓰는 사람은 단순한 독자와 구별된다. 책은 긴 호흡으로 이루어진 작업의 열매, 즉 깊은 사색과 지식의 결과이다. 요즘 세상은 인터넷과 텔레비전이 지배하고 있지만, 책은 여전히 참고 기준, 검증, 객관적인 신빙성을 검증하는 수단으로서 그 고유의 지위를 유지하고 있다.

책에 써 있는 건 모두 진실일 거라고 믿는 것은, 책을 거의 읽지 않는 사람들이 자주 저지르는 오류입니다. 내가 가르치던 학생들 중에도 자신의 주장을 뒷받침하기 위해, 책에 써 있다는 얘기를 하는 경우가 많았습니다. 간단히 말하면, 책이라고 해서 모두 사실을 서술하는 것도, 어느 편에도 가담하지 않고 오직 공정하게 얘기하는 것도 아닙니다.

어떤 역사 교과서들은 책이 쓰일 당시의 국가 이데올로기를 강하게 반영하고 있습니다. 예를 들어 1차 세계대전에 관한 프랑스와 독일의 과거 책들을 비교해보면, 같은 사건임에도 똑같이 기술하지 않은 것은 물론, 해석 역시 크게 다른 걸 확인할 수 있습니다. 물론 독일과 프랑스가 1960년대 이후로 상당히 가까워지면서, 두 나라 학생들에게 공통된 역사의식을 제공하기 위한 공통 역사 교과서가 생겨나긴 했습니다. 그러나 독일과 프랑스가 공통 역사에 관해 서로 의견을 같이할 수 있다는 사실은 현재 두 나라가 아주 가까운 관계임을 보여줍니다. 그리고 공통 역사 교과서 발행이 화제가 되는 건 사실 다른 분야에서는 이런 일을 찾아보기 어렵다는 것을 뜻합니다. 예를 들어, 프랑스와 알제리의 공통 역사 교과서는 언제쯤 나올까요?(프랑스는 1830년대부터 알제리를 식민 지배했고, 알제리는 무력투쟁 끝에 1962년에 독립을 얻었다. ─ 옮긴이) 마찬가지로 오늘날 이스라엘과 아랍의 역사 교과서에서 중동 지역의 분쟁 및 역사를 이야기하는 방식은 다릅니다. 또한 중국과 일본 역시 역사 서술을 두고 외교 분쟁이 끊이지 않습니다. 특히 1930년대 일본이 중국을 침략한 부분에서 격렬한 논쟁이 벌어지고 있습니다. 왜냐하면 중국과 일본의 과거 역사가 지금 아시아의 리더십 문제에도 큰 영향을 끼치기 때문입니다.

교과서 말고도 수많은 교양 도서가 존재합니다. 보통 저자는 하나의 견해를 옹호하고 자신의 입장을 표명합니다. 때로는 공개적으로, 때로는 은폐된 방법으로 자신의 생각에 유리하도록 독자에게 은밀한 영향력을 행사합니다. 그렇게 하는 이유는 자신의 생각이 진정으로 옳다고 믿기 때문이기도 하고, 그것을 믿게 해서 자신에게 유리한 상황을 만들려 하기 때문이기도 합니다. 겉으로 보기에 역사보다 중립적이라고 할 수 있는 경제학이나 생물학 같은 분야에서도 현실에 대한 의견을 적극적으로 펼칠 수 있습니다. 어떤 책을 펼치기 전에, 저자가 누구인지, 예를 들어 대학교수인지 기자인지 시민운동가인지 잘 살펴봐야 합니다. 또한 어떤 관점으로 글을 썼는지 알려주는, 저자의 출신 국가·체제·시대 등도 유념해야 하며, 책을 쓰게 만든 사건과 예상한 결과를 알아야 합니다. 그렇게 함으로써 저자가 어떤 안경을 통해 현실을 관찰하고 그 관점이 반영된 결과를 독자에게 전달해주려 하는지를 유추할 수 있습니다. 독자는 날짜, 숫자, 이름 등과 같은 신뢰할 수 있고 검증된 자료를 저자에게 요구할 권리가 있습니다. 저자가 아무리 객관성을 갖고자 노력해도 저자의 평가가 결코 완벽하게 중립적일 수는 없습니다. 그것에 대해 비평하고 판단하는 것은 독자의 몫입니다. 예를 들면, 독자는 정보가 정확한지 확인하기 위해 더 많은 출처에서 정보를 모아 볼 수 있을 것입니다.

따라서 이 책에 나오는 것들은 물론, 책에 쓰인 모든 것에는 이론의 여지가 있습니다. 조예 깊은 독자 한 명이 평범한 독자 두 명보다 나은 법입니다!

2

결국 중국은 1980년대 말 일본과 같은
상황에 처하게 될 가능성이 큽니다. 당시
일본의 국력 신장은 도무지 막을 수 없을
것처럼 보였습니다. 그러나 거품이 꺼지면서
심각한 위기를 맞았습니다.

중국이 세계를
지배할 것이다

중국은 거의 30년 전부터 매년 7~10퍼센트에 이르는 꾸준한 경제성장을 하고 있고, GDP 규모에서 세계 2위를 차지하고 있다. 그 무엇도 중국을 멈출 수 없다. 지금부터 한 세기가 지나면 중국은 미국을 능가할 것이다. 중국은 다른 나라들을 복종시키고 결국 세계를 지배하게 될 것이다.

15세기 초, 정화 장군이 이끌었던 중국 황실 함대는 함선과 해병의 숫자에 있어 세계에서 가장 강력했고, 선미재의 키·나침반·해양 지도 등과 같은 현대적 기술 덕분에 원양 항해가 가능했습니다. 정화 장군의 함대는 전 세계를 누볐고 아프리카 연안에도 도달했습니다. 아마 더 멀리 갈 수도 있었을 것입니다. 그러나 이 대원정은 식민지 정복으로 연결되지는 않았습니다. 제국의 정책이 변했고 중국은 쇄국으로 돌아섰으며, 함대는 파괴되고 대항해 계획은 실패로 돌아갔습니다. 그리고 200여 년 후, 스페인과 포르투갈이 항해에 나섰고 유럽의 세계 지배가 시작되었습니다.

　최근의 중국인들은 자신들이 정복 의지가 없다는 증거로 이 역사적 일화를 내세웁니다. 중국 지도자들의 목표는 단순히 19세기에 유럽 열강과 맺었던 불평등 조약 때문에 약화된 자국의 통일성을 되찾는 것이었을 겁니다. 홍콩과 마카오를 반환받았기에, 앞으로 중국의 영토에 대한 열망은 대만을 되찾는 것에 한정될 것입니다. 마찬가지로 경제적 측면에서 보면, 세계 경제의 30퍼센트를 홀로 차지했던 19세기의 자기 자리를 되찾으려는 것뿐입니다. 몇몇 객관적 요소들을 보면 중국의 세계 지배는 쉽지 않아 보입니다. 우선 무엇보다도, 지금과 같은 경제성장 곡선을 지속적으로 유지하기가 어렵습니다. 결국 중국은 1980년대 말 일본과 같은 상황에 처하게 될 가능성이 큽니다. 당시 일본의 국력 신장은 도무지 막을 수 없을 것처럼 보였습니다. 그러나 거품이 꺼지면서 심각한 위기를 맞았습니다. 많은 경제 전문가들은 오늘날 중국이 그러한 거품 경제의 붕괴 위험에 처해 있다고 봅니다. 혹자는 중국의 부유한 지역과 가난한 지역의 불균형이 문제라고 말합니다. 그들은 연안의 부유한 지역이 가장 낙후한 지역과의 결속을 위한 비용 부담을 원하지 않기 때문에 국가 통합에 손상이 갈 수도 있다고 전망합니다. 중국은 정치적·사회적 요구들을 오랫동안 피할 수 있을까요? 중국 공산당이 시장경제를 채택하면서 동시에 권력 전체를 독점하는 일이 오랫동안 가능할 수 있을까요? 중국은 어떻게 인구의 노령화에 맞설 것이며, 그로 인한 사회적 비용을 감당할까요?

이 밖에도 중국의 세계 지배 주장을 약화시키는 많은 요인들이 있습니다. 게다가 아무리 크고 인구가 많다 하더라도 한 나라가 전 세계를 지배하는 것이 가능할지는 의심해볼 일입니다. 물론 중국은 국제무대에서 점점 더 중요한 위치를 차지할 것입니다. UN 안전보장이사회 상임이사국이며, 2001년부터는 세계무역기구WTO의 회원국이고, G8을 대체하는 G20에 아무런 문제없이 가입했습니다. 중국은 경제적·외교적으로 다른 대륙들에서도 매우 활동적입니다. 그 한 예가 아프리카입니다. 그러나 중국이 활동하는 만큼의 권력을 갖게 되지는 못할 것입니다.

3

중국은 단지 현재의 질서에 합류하여 가능한
한 좋은 위치를 차지하고 싶어 할 뿐입니다.

미국과 중국의
전쟁이 있을 것이다

중국이 강대국으로 부상하면서 미국의 절대우위에 타격을 주고 있다. 중국은 과거 소련의 위치를 대체했다. 서로 대립적인 정치 시스템을 가지고 있는 지배적 강대국 미국과 떠오르는 강대국 중국의 충돌은 피할 수 없는 일이다.

이러한 주장은 중국이 미국의 파트너 혹은 도전자로서 소련을 대신하게 될 것임을 암시합니다. 미국은 오랫동안 중국이 파트너가 될지 전략적 경쟁자가 될지 자문해왔습니다. 중국이 강대국의 위치에 오르는 것은 이론의 여지가 없습니다. 매년 10퍼센트의 경제성장 덕분에 중국의 GDP는 미국에 이어 이미 세계 2위에 올랐습니다. 일부 예측에 따르면, 21세기 중반에는 중국의 GDP가 미국을 앞지를 수도 있습니다.

그러나 미국 입장에서 볼 때, 오늘날의 중국은 냉전시대 소련보다는 1980년대의 일본과 비교하는 것이 더 적절합니다. 소련과 달리 중국은 세계질서에 대해서, 심지어 미국 시스템에 대해서조차 반론을 제기하지 않습니다. 중국은 단지 현재의 질서에 합류하여 가능한 한 좋은 위치를 차지하고 싶어 할 뿐입니다. 중국은 자신들에게도 이익이 되는 미국식 자본주의에 완전히 적응했으며, 2001년에는 WTO에도 가입했습니다. 중국이라는 '위협'은 두 개의 대립적 관계에 있는 시스템 간의 경쟁이라기보다는 무역과 경제 분야의 경쟁입니다. 파괴해야 할 서로 다른 시스템의 공존이 아닌, 전통적인 국가 간의 경쟁일 뿐입니다. 물론 중국은 수많은 외교 문제에서 미국과 대립합니다. 그러나 1999년 코소보 전쟁 당시 미국의 미사일에 베오그라드 중국 대사관이 파괴되었을 때, 중국은 적대적으로 대응하지 않았습니다. 마찬가지로 중국은 매우 완곡하게 이라크 전쟁에 반대했으며, 프랑스·독일·러시아보다 훨씬 덜 격렬하게 반대했습니다. 중국인들에게는, 엄청난 무역흑자를 곳간에 쌓게 해주고 국가적 생산설비를 활발하게 촉진시키는 미국 시장의 유지가 최우선입니다.

경제적 측면에서 보면, 사실 중국인들과 미국인들은 연결되어 있습니다. 1조2000억 달러에 달하는 중국 외환보유고의 4분의 3이 미국에 재투자되고 있으며, 이는 달러 가치의 추락을 막는 역할을 하고 있습니다. 그러나 2009년 이후로 중국은 더 이상 망설이지 않고 국제통화로서 달러의 역할을 문제 삼고 있습니다. 2006년 이래로 중국과 미국의 관료들은 6개월마다 전략경제대화(S&ED)를 위해 만납니다. 이를 통해 미국은 교역국 중 캐나다 다음의 위치를 차지하는 중국과의 경제적 불균형 문제를 해결하려 하고 있습니다. 미국의 주요 요구사항은 중국의 무역 흑자 축소, 위안화 재평가, 중국 시장에서의 지적 재산권 보호 강화 등입니다.

중국과 미국 간의 전쟁은 거의 생각해볼 수 없는 것이지만, 두 나라의 경쟁은 에너지 분야에서도 이루어지고 있습니다. 따라서 중국은 자국의 수출을 안전하게 하기 위해서뿐만 아니라, 특히 아프리카 지역의 원유 공급을 확보하기 위해 공격적인 경제 전략을 펴고 있습니다.

4

모든 국가들을 이어주는 이 유일한 끈이
없다면 분쟁과 불평등은 더욱 증가할
것이라는 사실을 인식해야 합니다.

UN은 아무 역할도
하지 못한다

UN은 전쟁을 막는 데 무능하다. 상임이사국들의 거부권 때문에 안전보장이사회가 마비된다. UN을 구성하고 있는 많은 독재자들은 민주주의나 인권 향상을 위한 활동을 사사건건 방해한다.

UN의 무능력을 비난하는 일은 사실 세계 상황에 대한 UN의 책임을 묻는 일이기도 합니다. UN헌장에 따르면, UN은 세 가지 주요한 사명이 있습니다. 평화와 공동의 안보, 사회 진보와 경제적 발전, 인간의 권리와 기본적 자유권의 보호가 그것입니다. 물론 UN에 대한 평가는 긍정적이지 않습니다. 아직도 개선해야 할 점이 많이 남아 있습니다. UN은 고비용의 무능력한 관료주의 체제로 보입니다. 그러나 그것은 상대적인 것입니다. UN 체제의 전체 예산은 120억 달러이지만, 그중 일반 예산은 평화유지를 위한 임무를 제외하면 겨우 13억 달러이며, 평화유지 활동 예산 34억 달러가 더 있을 뿐입니다.

국제사회의 분열과 현 상태가 UN의 탓만은 아닙니다. 대체로 국제기구의 역할이 방해받는 이유는 미국, 러시아, 중국, 영국, 프랑스 등 5개국으로 구성된 안전보장이사회 상임위원회의 의견 불일치 때문입니다. UN헌장이 정하고 있는 체제가 제대로 움직이기 위해서는 2차 세계대전 승전국들의 연합이 전쟁이 끝난 후에도 존속해야 했습니다. 그러나 상황은 그렇게 전개되지 않았습니다. 냉전 때문에 이 연합은 매우 빠르게 분열되었고, 승전국들의 동맹국을 보호하기 위해 거부권이 생겨났습니다. 그러나 UN 체제의 실패를 거부권 때문이라고 여기는 것 또한 정확한 것은 아닙니다. 거부권은 여러 강대국들이 집단체제에 함께 속하기 위한 조건일 뿐입니다.

냉전이 종식되고 1990년 이라크가 쿠웨이트를 침공했을 때, UN헌장이 예상했던 집단안보 시스템이 역사상 처음으로 작동했습니다. 안전보장이사회는 이라크에게 쿠웨이트에서 군대를 철수하라는 최후통첩을 보냈습니다. 이 최후통첩은 받아들여지지 않았고, 이것은 UN헌장이 예견했던 방식에 따라 처음으로 합법적인 군사활동을 벌이는 근거가 되었습니다. 당시 미국 대통령 조지 H. 부시의 찬양을 받던 '새로운 세계질서'에 대한 희망도 거기에서부터 시작되었습니다. 그러나 그것은 매우 빠르게 경쟁논리에 추월당해 버렸습니다. 그렇다고 해서 안전보장이사회에서 서구, 러시아, 중국 간의 합일점을 찾는 것이 불가능하다고 단정하는 것은 옳지 않습니다. 이란의 핵 프로그램 같은 민감한 주제들에 관해서는 합일점에 도달합니다. 또한 리비아 민간인들을 위한 '보호책임' 원칙 Responsibility to Protect(국가가 국민을 보호하지 못하거나 독재정권 아래서 심각한 인권침해가 이뤄졌을 때 국제사회가 개입할 수 있다는 원칙―옮긴이)을 강구하기 위해 결의안 1973호를 채택하기도 했습니다. 물론 러시아와 중국이 기권했기에 가능한 일이었습니다. 그러나 리비아 반군에 대한 북대서양조약기구NATO의 임무가 상호 교전으로 변환되었기 때문에 앞으로 이러한 일이 재현되기는 어려울 것입니다.

그럼에도 불구하고 UN은 남아프리카공화국의 인종차별정책 철폐나 캄보디아에서의 법치국가 부활 같은 성공적인 일들을 중요한 것으로 평가합니다. 모든 국가들을 이어주는 이 유일한 끈이 없다면 분쟁과 불평등은 더욱 증가할 것이라는 사실을 인식해야 합니다. 따라서 UN을 정확하게 평가하기 위해서는 세계보건기구WHO, 난민판정위원회UNHCR, 유니세프Unicef, 유네스코Unesco 등의 UN 산하 전문기관 전체의 활동을 고려해야 합니다.

5

9·11테러가 국제관계의 구조 자체를
흔들어놓은 것은 아닙니다. 강대국 사이의
힘의 관계는 바뀌지 않았고, 미국은
'테러와의 전쟁'이라는 명목으로 동맹국을
끌어들이면서 자신의 리더십을 공고히
했습니다.

9·11 테러가
세상을 바꾸었다

2001년 9월 11일 미국에서 일어난 테러는 전 세계에 커다란 충격을 주었고 세계정세를 바꾸어놓는 결정적 전환점이 되었다. 이 사건은 우리를 전면적인 테러의 세계로 몰아넣었다. 이 끔찍한 사건 이후 아무것도 더 이상 예전과 같지 않을 것이다.

많은 사람들은 2001년 9·11테러의 끔찍한 충돌 장면과 그 사건이 세계질서에 끼치는 실제 영향을 혼동하고 있습니다. 뉴욕 세계무역센터와 워싱턴 미국 국방부 본부 건물에 대한 테러 공격은 텔레비전을 통해 전 세계에 생중계되었습니다. 미디어가 연이어 전한 충격적인 이미지와 그 끔찍한 결과가 모두의 기억 속에 각인되었습니다. 거의 3000명에 달하는 사람들이 사망했습니다! 갑작스럽게 터진 이 사건은 너무나 큰 충격이었습니다. 테러리스트 일당이 민간 항공기를 움직여 세계 최강국의 심장부를 공격할 것이라고 누가 상상이나 했을까요? 사실 CIA와 FBI를 필두로 하는 미국 정보기관들은 어떤 위협이 임박해 있음을 인지하고 있었습니다. 그러나 이런 종류의 테러 사건일 것이라고는 예상하지 못했습니다. 알카에다와 미국 사이에 존재하는 힘과 군사력의 불균형은 이런 가정을 진지하게 고려할 수 없게 했습니다.

하지만 겉으로 드러난 지정학적 혼란을 넘어서면, 9·11테러가 국제관계의 구조 자체를 흔들어놓은 것은 아닙니다. 강대국 간 힘의 관계는 바뀌지 않았고, 미국은 '테러와의 전쟁'이라는 명목으로 동맹국을 끌어들이면서 자신의 리더십을 공고히 했습니다. 혹독하게 당하기는 했지만, 미국은 여전히 건재했습니다. 그들의 힘이 약해졌다면, 그것은 바로 이라크 전쟁의 끔찍한 결과 때문입니다. 그것은 9·11테러에 대한 엉뚱한 보복이었습니다.

일본, 중국, 유럽, 러시아 등의 관계가 구조적으로 변한 것도 아니고, 각 나라들 간의 동맹체제도 바뀌지 않았습니다. 신흥 강대국들이 부상하게 된 것은 9·11테러 때문이 아니라, 그러한 세력들의 성장 때문이었습니다. 지구온난화, 북반구와 남반구의 경제적 불평등, 대유행병, 지역분쟁 문제같이 세계가 당연히 해결해야 하는 커다란 도전적 과제들도 근본적인 변화를 겪지는 않았습니다.

테러리즘은 오래전부터 존재했습니다. 9·11테러는 단지 더 강한 공격이었고, 그 결과가 테러를 계획했던 자들마저 놀라게 할 만큼 성공적이었을 뿐입니다. 베를린 장벽과 소련의 붕괴가 진영 대 진영의 양분화를 끝내고 새로운 세계를 만들어냈다면, 9·11테러는 그러한 결과를 가져오지 못했습니다. 미국은 자신의 취약성을 재발견했고, 조지 W. 부시는 우리가 보기에 오류처럼 보이는 이라크 전쟁을 일으켰습니다.

이라크전이 지역 내 불안정을 일으키기는 했지만, 세계질서를 전면적으로 재검토하게 한 것은 아닙니다. 2001년 9월 11일은 베를린 장벽 붕괴로 사회주의권의 종말을 가져온 1989년 11월 9일과는 완전히 다른 것입니다.

6

교육·의료·기반시설·과세에 관한 법률
제정, 투자 등에 관한 공공정책은 국가가
통제하는 분야입니다. 그리고 특히
다국적기업의 장점인 투명성은 그들의
약점이 되기도 합니다.

세계를 이끄는 것은
다국적기업이다

다국적기업의 총 매출액과 국가의 GDP를 비교해보면, 100위 안에는 국가보다 다국적기업이 더 많다. 세계 상위 100대 기업의 총 매출액은 UN 132개 회원국의 GDP를 합친 것보다도 많다. 150개의 대형 다국적기업이 세계 수출의 3분의 1 이상을 차지하고 있다.

다국적기업의 역할을 부인하기는 어렵습니다. 재정적·경제적 영향력 덕분에 다국적기업의 역할이 중요해졌고, 때로는 국가와 힘겨루기를 하기도 합니다.

가장 충격적인 예는 1973년 칠레의 유혈 군사 쿠데타에 미국 기업 ITT가 참여하여 살바도르 아옌데 대통령을 축출한 사건이었습니다. 다국적기업은 많은 이유로 지탄을 받습니다. 석유 기업들은 종종 제3세계 국가를 착취한다고 비난받으며, 코카콜라나 맥도날드 같은 기업들은 문화 획일화에 가담한다고 비난받고, 멕시코의 미국용 경제특구 공장들은 남반구 국가 사람들에게 낮은 임금을 지불하고 어린이의 노동력을 착취한다고 비난받습니다.

게다가 1984년 인도에서 수천 명의 사망자를 낸 보팔 지역 유니온 카바이드 화학공장 폭발 사건은 환경을 보호하지 않고 지역 주민의 삶을 위험에 빠뜨린 대표적 사례로 비난받습니다. 또한 일부 국가들에서는 다국적기업이 국가 전복을 시도하거나, 독재자를 지지하여 비난을 받기도 했습니다. 한마디로 다국적기업들이 자신들의 법을 국가에게 강요한다는 것입니다. 거기에는 민주정부도 포함되어 있습니다. 하지만 몇몇 다국적기업은 정반대로 자기들의 임금 노동자들이 다른 기업 노동자들보다 더 많은 권리와 특혜를 누리고 있다고 생각합니다.

집중화 과정을 통해 몇몇 다국적기업은 특정 경제 영역에서 지배적 위치에 오르게 됩니다. 출신 국가로부터 점점 더 분리되고 있는 다국적기업은 영토적 제약에서 벗어나고자 애쓰게 됩니다. 이들은 가장 큰 이익이 창출되는 곳으로 활동 무대를 옮기며, 수익성을 반영하는 기회와 비용의 논리를 따릅니다. 그 결과 다국적기업은 사람들의 생활에는 거의 관심을 갖지 않게 됩니다.

그런 만큼 교육·의료·기반시설·과세에 관한 법률 제정, 투자 등에 관한 공공정책은 국가가 통제하는 분야입니다. 그리고 특히 다국적기업의 장점인 투명성은 그들의 약점이 되기도 합니다. 다국적기업은 단순히 상업적인 이유일지라도 대중과 소비자들에게 긍정적 이미지를 유지해야 합니다.

다국적기업 제품에 대한 불매운동은 그들을 큰 어려움에 빠뜨릴 수 있습니다. 그 때문에 점점 더 많은 다국적기업들은 생산과정 내내 사회적·환경적·윤리적 기준을 의무적으로 적용하는 '기업의 사회적 책임'을 감당하는 단계에 들어섰습니다. 다국적기업들은 그렇게 환경적으로, 그리고 사회적으로 올바른 이미지를 만들어냄으로써 기존의 비판을 뒤엎고 새로운 시장을 열게 되는 것입니다.

7

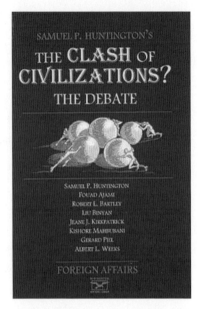

문명은 단일체가 아닙니다. 그러나 헌팅턴은
역사가 미리 정해져 있고 동·서양의 두
문명이 필연적으로 서로 전쟁을 하게 될
것이라고 생각하는 오류를 범했습니다.

문명의 충돌은
피할 수 없다

지배 세력이지만 지금은 쇠락하고 있는 서구 세계와, 피지배 세력이지만 지금은 확장 중인 이슬람 세계 사이의 대립은 피할 수 없다. 그들의 가치는 본래 서로 화합할 수 없는 것이다. 9·11테러 당시는 물론 아프가니스탄 전쟁에서 이라크 전쟁까지 당대의 뉴스들은 이러한 명제가 정확했음을 일상적으로 보여주었다.

'문명의 충돌'은 20여 년 전부터 세상을 떠들썩하게 했던 명제입니다. 소련의 붕괴 이후, 미국의 대학교수인 새뮤얼 헌팅턴이 1993년에 제시한 이 명제는 2001년 9·11테러 이후 널리 재인용되고 부연 설명되었으며 이의가 제기되기도 했습니다.

헌팅턴에 따르면 전쟁의 속성이 바뀌었습니다. 이전의 전쟁이 왕과 왕자들의 대립이었다면, 프랑스 대혁명 이후로는 국가 전체가 서로 대립하는 것이었습니다. 20세기 들어 나치즘, 공산주의, 자본주의, 민주주의 등 사상 간의 대립이 그 뒤를 이었습니다. 베를린 장벽이 무너진 이후, 전쟁은 문화 영역과 문명의 대립이 되었습니다. 헌팅턴은 특히, 피지배 세력이지만 성장 중인 이슬람 문명과, 지배 세력이지만 쇠퇴 중인 서구 문명 사이의 충돌을 언급했습니다. 그는 이슬람의 국경 지대가 유혈의 현장인 이유는 이슬람 문명이 다른 문명들보다 더 자주 분쟁을 정치적 수단으로 이용하며, 그들이 가담했던 분쟁들이 다른 분쟁들에 비해 더 폭력적이었기 때문이라고 주장했습니다.

그러나 두 차례에 걸친 세계대전과 소련이나 중국의 강제노동 수용소를 이슬람의 책임이라고 하기는 어렵습니다. 헌팅턴이 근거로 삼고 있는 예 중 하나는 1990~91년의 걸프전입니다. 이 전쟁은 오히려 국민의 대다수가 이슬람인 아랍 국가들이 국민의 다수가 기독교도인 미국 편을 들어 이슬람 국가인 이라크에 대항하는 전쟁에 참여한 것이었습니다. 그래도 서구 세계와 이슬람 세계의 관계 문제가 본질적으로 중요한 것은 사실입니다. 예를 들면 1970년대에는 지역분쟁 중 하나로 여겨지던 중동 분쟁이 이제는 전략적으로 가장 핵심적인 자리를 차지하고 있습니다.

문명은 단일체가 아닙니다. 그러나 헌팅턴은 역사가 미리 정해져 있고 동·서양의 두 문명이 필연적으로 서로 전쟁을 하게 될 것이라고 생각하는 오류를 범했습니다. 저절로 되는 것은 아무것도 없으며, 모든 것은 각 나라의 지도자들과 국민의 정치적 결정에 달려 있습니다. 이슬람과 서구 세계는 서로 좋은 관계로 지낼 수 있습니다. 그러나 마찬가지로 일련의 부정적인 정치적 결정 때문에 충돌 가능성이 커질 수도 있습니다. 문명 간의 전쟁이 피할 수 없는 것이라는 생각은 오류일 것입니다. 그러나 전쟁이 결코 돌발적으로 일어나지는 않는다고 믿는 것도 또 다른 오류가 될 것입니다.

8

석유 수익만을 가지고 따져보면
사담 후세인과 다시 협력을 시작하고
새로운 관계를 맺는 것이 훨씬 더
간단하고 효과적이었을 것입니다.

이라크 전쟁은
석유 때문에 일어났다

미국이 이라크 전쟁에 다국적군을 끌어들이려고 명분으로 내세웠던 대량 살상무기의 존재는 거짓으로 밝혀졌고, 테러와의 전쟁은 오히려 역효과를 낳은 것으로 알려졌으며, 이라크에 민주주의를 정착시키는 것이 어렵다는 것이 드러났다. 중동 지역 석유에 대한 의존도가 강했던 미국은 언제나 '석유 외교'를 하고 있고, 텍사스 출신의 조지 W. 부시가 대통령에 당선되자 이는 더욱더 기정사실이 되었다.

지속적인 성장을 위한 대규모 에너지가 필요했던 미국은 언제나 안정적인 원유 공급에 주의를 기울여왔습니다. 또한 외부 석유 자원에 대한 미국의 의존도는 2차 세계대전 이후로 꾸준히 증가했습니다. 2001년 9월 11일 이후, 세계 석유 매장량의 10퍼센트를 보유한 사우디아라비아와의 동맹에 대해 미국은 의심하기 시작했고, 그 무렵 이라크전이 발발했습니다.

1945년 루즈벨트 대통령이 사우디아라비아 왕과 협정을 체결했고, 협정이 조인된 군함의 이름을 따라 '퀸시 협정'이라 이름 붙였습니다. 미국은 사우디 왕정 체제의 안정성을 지켜주기로 약속했고 그 대가로 풍부한 석유 공급과 낮은 가격을 보장받았습니다. 이 협정은 이후에도 철저히 지켜졌습니다. 석유 가격을 낮추기 위해 생산량을 증대할 필요가 있으면, 사우디아라비아는 때때로 자국의 경제적 이익에 반하더라도 이를 수락했습니다. 그리고 앞으로 사우디가 자국 내 반미 세력의 압력을 받아 미국과 거리를 두거나 반미 세력에 의해 왕조가 전복되어 양국 관계가 어려움에 봉착한다 해도 미국은 사우디를 이라크로 대체할 수 있게 되었습니다.

미군이 바그다드에 입성하던 날, 유일하게 보호한 건물이 석유부 청사였다는 사실이 사람들의 주목을 끌었습니다. 반면에 값어치를 매길 수 없는 귀한 보물들을 소장하고 있던 바그다드 박물관과, 환자를 치료해야 하는 국립병원은 약탈당하게 내버려두었습니다. 게다가 부시 정부의 몇몇 구성원들이 석유 사업에 개인적 관심이 있었다는 사실은 잘 알려져 있습니다. 부시 가문은 석유 사업으로 큰 재산을 축적했습니다. 여기에는 부시 대통령도 포함됩니다. 딕 체니 부통령은 석유 회사 핼리버튼을 경영했고, 콘돌리자 라이스 국무장관은 석유 회사 셰브론의 정책 자문이었습니다.

전쟁이라는 수단을 동원하기로 한 결정에 이라크 석유에 접근하려는 동기가 영향을 끼치지 않았다고 할 수는 없지만, 그것이 주된 동기였다고 볼 수는 없습니다. 석유 수익만을 가지고 따져보면 사담 후세인과 다시 협력을 시작하고 새로운 관계를 맺는 것이 훨씬 더 간단하고 효과적이었을 것입니다. 후세인은 아마도 이라크를 압박하는 제재조치와 무역금수 조치를 끝내는 대가로 필요한 만큼의 석유를 미국에게 인도할 것을 수락했을지도 모릅니다.

오늘날도 여전히 이라크의 석유 생산은 전쟁 발발 전보다 적습니다. 미국이 사담 후세인과 손을 잡으려 하지 않은 것은 지정학적 이유 때문입니다. 미국은 사담 후세인의 약속을 별로 신뢰할 수 없다는 사실보다는 중동 지역 한가운데에 강력한 이라크가 생기는 것을 더 받아들이기 힘들다고 판단한 것입니다.

9

미국의 GDP는 단연코 세계 1위를 유지하고
있으며, 달러는 여전히 기축통화로 남아
있습니다. 미국의 기업들은 지금도
강력하며, 다국적기업 상위 10곳 중 6곳이
미국 기업입니다.

미국은
쇠락 중이다

이라크 전쟁으로 인해 미국 재정이 파탄 난 것은 물론, 외교적으로 완전히 소외되어 미국 지배력의 한계가 드러났다. 미국의 실패는 미국을 과거보다 덜 두려운 존재로 만들었고, 세계인은 미국을 더욱 미워했다. 그들은 피할 수 없는 쇠퇴 일로를 걷고 있다.

이라크 전쟁은 미국 패권의 승리였음이 틀림없었고, 미국이 일단 결정을 내리면 아무도 막을 수 없다는 것을 확인시켜주었습니다. 게다가 미국은 대다수 국가들의 의견과 세계 여론을 거스르면서까지 막강하고 압도적인 군사력으로 쉽게 이길 수 있는 전쟁에 뛰어들었습니다. 2003년 3월 18일, '이라크 자유' 군사 작전이 시작되었습니다. 같은 해 5월 1일 조지 W. 부시 대통령은 전쟁의 주요 작전이 끝났다고 선포했습니다. 그러나 이러한 신속한 군사적 승리가 전술적으로는 재앙이었음이 밝혀졌습니다. 실제로 미국은 전쟁을 통해 대량살상무기의 확산 방지, 반테러리즘 실현, 중동 지역 통제를 목표로 잡았지만 어느 것도 달성하지 못했습니다. 더구나 아프가니스탄 전쟁은 폭넓은 지지와 합법적 지원을 받았음에도 전략적 관점에서 보면 패배였습니다.

이처럼 이라크 전쟁이 미국의 한계를 보여준 것은 사실이지만, 이것을 미국의 쇠락으로 결론짓는 것은 지나치게 섣부른 판단입니다. 무역 적자와 재정 적자도 마찬가지로 미국에게 문제가 되어왔지만, 미국 국력의 원동력은 여전히 살아 있습니다. 미국의 GDP는 단연코 세계 1위를 유지하고 있으며, 달러는 여전히 기축통화로 남아 있습니다. 미국의 기업들은 지금도 강력하며, 다국적기업 상위 10곳 중 6곳이 미국 기업입니다. 그들은 수많은 분야에서 지배적인 위치를 차지하고 있으며, 특히 IT 분야의 마이크로소프트, 구글, 애플, 인텔 등이 그렇습니다. 그들의 기술혁신 능력은 매우 뛰어나며, 특허 등록에 있어 최고의 자리를 차지하고 있습니다. 미국은 세계의 엘리트들에게 매우 매력적인 영향력을 행사하고, 아주 뛰어난 통합 능력을 계속해서 보여주고 있으며, 영화·음악 같은 대중문화는 부동의 1위 자리를 차지하고 있습니다.

미국, 미국 사회, 그리고 미국인의 삶의 방식은 수많은 사람들을 꿈꾸게 합니다. 이런 의미에서 미국은 '하드 파워'라고 불리는 전쟁이나 패권정책과는 별개로, '소프트 파워', 즉 설득력과 영향력이라는 힘을 행사합니다. 미국의 실패는 패권주의적 시도의 실패입니다. 그러나 버락 오바마 대통령이 하고 있는 것처럼 미국이 다른 강대국들의 의견을 좀 더 고려한다면 완전히 새로운 리더십을 행사할 수 있을 것입니다. 게다가 오바마 대통령의 당선은 당시 전 세계 거의 모든 곳에서 미국의 인기를 새롭게 도약시켰습니다. 하지만 오바마 대통령이 아무리 인기가 높아도 그가 마술 지팡이를 가지고 있는 것은 아닙니다. 오바마 대통령이 미국의 모든 문제를 해결할 수는 없습니다. 미국 사회는 대중적이고 매력적입니다. 그러나 역시 세상은 다극화의 길을 갈 것이고, 수많은 신흥 강국이 생겨날 것입니다. 또한 한 나라가 세상을 지배할 수도 없고, 혼자 국제관계 규범을 정할 수도 없을 것입니다.

10

권력이 어떤 중대한 문제에 관해 거짓말을
하게 되면, 다른 모든 문제들도 의심을 받게
됩니다.

9·11테러는 미국이
일으켰다

9·11테러의 수혜자는 누구인가? 2001년 9·11테러 덕분에 미국인들은 이라크 침공을 정당화할 수 있었고 중동 지역에서 자신들의 통제력을 확대할 수 있었다. 그들은 이렇게 군사력 증강을 정당화시키고 세계를 지배하려는 욕망을 채울 수 있었다.

음모이론이라는 것이 있습니다. 강대한 집단이 은밀히 꾸민 음모와 사건들이 연관되어 있다는 널리 퍼진 논리입니다. 사람들은 2001년 미국에서 벌어진 9·11테러라는 놀라운 사건에도 음모이론을 적용했습니다. 이 테러 사건 때문에 생긴 정신적 충격, 누구도 예견하지 못했기에 거짓말 같았던 이 사건의 성격 때문에 외부 테러리스트들만으로는 사건을 계획·실행했을 수 없고, 내부에 음모가 있었을 것이라는 주장이 신빙성을 얻었습니다.

전 세계 텔레비전을 통해 수백만 명이 지켜본 세계무역센터의 붕괴는 너무나 명백하게 진행됐고 보이는 그대로 이론의 여지가 없었음에도, 대중을 속이기 위해 교묘하게 연출된 것이라는 생각이 퍼져갔습니다. 이러한 음모론에 따르면 테러리스트들이 미국을 공격했다고 믿는 대다수 사람들의 생각과는 반대로, 미국의 권력자들이 테러를 기획했다는 것입니다. 더 정확히 말하면, 부시 행정부 네오콘(신보수주의자들)을 주축으로 연결되어 있는 군산복합체가 그 핵심일 것이라는 생각입니다. 이 음모의 목적은 이전부터 세워놓은 정책을 정당화하려는 시도였을지도 모른다는 추측이 나왔습니다. 그 내용은 국방부 예산을 증액하고, 중동 지역과 그곳에 매장된 원유 전반에 대한 통제권을 전쟁이라는 수단을 사용해서라도 획득하는 것입니다. 이 모든 일은 애국자법USA Patriot Act(9·11테러 이후 테러 방지와 범죄 수사에 있어 시민의 자유권을 제한하는 것을 가능하게 한 미국 법률―옮긴이)을 적용해서 미국에서의 기본적 자유권을 문제 삼는 것을 배경으로 하고 있습니다. 더 황당한 해석 중 하나는 9·11테러를 조직한 것이 이스라엘 또는 유대인들일지도 모른다는 생각입니다. 심지어 세계무역센터에서 일하는 유대인들에게 그날은 출근하지 말 것을 지침사항으로 전했다는 이야기를 신빙성 있게 받아들이는 사람들도 있습니다.

9·11테러 이전에 미국이 이라크를 침공할 계획이 있었다는 것은 사실입니다. 1998년 '새로운 미국의 세기를 위한 프로젝트PNAC'라는 싱크탱크의 이론가들이 당시 대통령인 빌 클린턴에게 이에 대한 제안을 한 적이 있기 때문입니다. 이 단체의 네오콘 수뇌부에는 미래의 국방부 장관인 도널드 럼스펠드와 그의 부관인 폴 월포위츠, 그리고 조지 W. 부시의 동생 젭 부시가 주요 인사로 포함되어 있었습니다. 또한 부시 가문의 재산이 석유 산업에서 나오며 부통령인 딕 체니와 국가안보좌관에서 국무장관이 된 콘돌리자 라이스가 그 분야 출신이라는 것 역시 사실입니다. 마찬가지로 대통

령 집안이 사우디아라비아의 일부 지배 그룹과 우호관계를 유지하고 있다는 것도 의심의 여지가 없습니다. 사우디는 오사마 빈 라덴의 출신 국가이며 9·11 당시 비행기를 납치한 테러리스트들 다수의 조국이기도 합니다. 하지만 미국에 대한 테러가 이러한 목적을 두고 행해졌고, 아무도 모르게 이러한 행위가 가능했다는 것은 아무래도 불가능해 보입니다.

음모이론은 여전히 설명되지 않은 의문의 사건을 바탕으로 종종 생겨납니다. 예를 들면 1963년 케네디 대통령 암살 같은 경우, CIA가 지시했을지도 모른다는 것입니다. 또한 1941년 일본의 진주만 침공처럼 극적인 사건들도 음모론에 휩싸이고는 합니다. 진주만 사건 같은 경우는 자국의 2차 세계대전 참전을 반대하는 미국인들의 여론을 움직이기 위해 루즈벨트 대통령이 진주만 공격을 방치했을 것이라는 의견입니다. 이라크 전쟁을 정당화하기 위해 부시 정부가 UN 앞에서 이라크에 대량살상무기가 존재하는 것처럼 거짓말을 한 사실은 음모이론을 믿는 사람들의 입지를 강화시키고 그 수를 늘리는 꼴이 되었습니다. 실제로 권력이 어떤 중대한 문제에 관해 거짓말을 하게 되면, 다른 모든 문제들도 의심을 받게 됩니다.

11

기술의 진보가 그 자체로 모든 문제를
해결하는 것은 아닙니다. 저절로 되는 것은
아무것도 없습니다.

세계는
진보한다

기술의 눈부신 발전 덕분에 인간의 조건은 부유함, 사용 가능한 재산, 영양, 건강, 교육 등의 분야에서 지속적으로 개선되어왔다. 이전에는 모든 사람들이 누리지 못했던 기본적 필요의 충족이 이제는 가능하다. 수명 연장부터 주거 및 작업 환경 개선, 소비재의 풍요와 생필품의 증가에 이르기까지 진보는 인간의 삶을 개선시켰다.

인터넷, 나노테크놀로지, 유전자변형식품GMO, 복제……. 기하급수적으로 늘어가는 과학 분야의 특허 등록과 수많은 혁신들을 보면 사람들은 행복의 희소성, 질병과 죽음, 시간과 공간의 장벽 등 인간 사회의 세 가지 핵심적 문제들이 해결되고 있는 중이라고 생각할 것입니다.

그러나 기술의 발전으로 대다수 인류의 운명이 자동적으로 개선될 것이라고 생각하는 것은 순진한 일입니다. 무엇보다도 과학이 모든 것을 해결할 수 없습니다. 1960~70년대의 '녹색혁명'은 인도의 곡물 생산을 획기적으로 증가시켰지만, 여전히 인구 증가를 따라잡지 못하고 있습니다. 농업에서의 또 다른 혁명은 유전자변형식품입니다. 유전자변형식품을 상업화시킨 기업들이 기아 문제의 해결책으로서 도입한 유전자변형식물은 예상치 못한 문제들을 일으켰습니다. 생물의 다양성이 파괴되었고, 몇몇 다국적기업이 종자 판매를 세계적으로 독점하기에 이르렀습니다. 의료 연구를 진행하는 선진국의 민간 연구소들은 주로 북반구의 질병에 관심을 기울입니다. 따라서 말라리아같이 남반구에서 수많은 인명을 빼앗는 질병들은 거의 연구의 대상이 되지 못합니다.

이렇듯 기술의 진보가 그 자체로 모든 문제를 해결하는 것은 아닙니다. 저절로 되는 것은 아무것도 없습니다. 많은 것들이 정치적 결정에 따라 이루어집니다. 예를 들어, 새로운 정보 기술은 지식과 통신의 지방 분산화를 한꺼번에 가능하게 하지만, 전체주의 체제에서는 개인을 더욱 틀에 가두는 감시 수단을 제공할 수도 있습니다. 또한 대량학살을 일으킨 나치즘 같은 대규모 집단 이데올로기는 더 이상 존재하지 않지만, 잘못된 광신적 믿음은 지금도 존재합니다. 기술의 진보는 이러한 잘못된 광신을 도울 수 있습니다. 대량살상용 핵, 생화학무기 같은 파괴 수단들을 더욱 광범위하게 전파할 수 있기 때문입니다.

기술의 진보는 사회를 외부의 공격에 더욱 무력하게 만듭니다. 정보망에 대한 대량 공격은 언제나 가능하며 이는 경제·국방·에너지 공급 체계에 재난을 불러올 수 있습니다. 일반적으로 진보는 사회의 비인간화를 수반하기도 합니다. 유대감의 쇠퇴와 개인주의·이기주의의 확대가 동반되기 때문입니다. 게다가 기술의 진보가 세계를 알 수 있는 더 좋은 방법을 제공할지라도 기술이 진보한다고 해서 자동으로 세계를 더 잘 이해할 수 있게 되는 것은 아닙니다. 세계의 민족들, 또는 그들 중 일부는 자신들의 필요를 더 쉽고 더 빠르게 만족시킬 수 있습니다. 그렇다고 이전보다 더 행복할까요? 확실한 것은 아무것도 없습니다.

12

대중매체가 국제사회라는 용어를 사용할
때는 대체로 긍정적인 결정이나 결과가
부재하다는 것을 상기시키기 위한 것입니다.

국제사회는
존재한다

> 국제사회란 우리가 '국가'라는 울타리 안에서 공동체를 이루고 있듯 세계도 하나의 공동체 안에 있다는 개념이다. 국제사회는 집단적 이익을 위해 세계적 규모의 일들을 더 잘 관리하고자 한다. 그래서 우리는 해결하기 어렵고 중요한 문제가 생기게 되면 바로 국제사회를 거론한다. 모든 민족이 같은 땅에 살기 때문에 하나의 공동체를 형성하고 있는 것이다.

세계화가 진행되면서 세상은 지구촌이라 불리게 되었습니다. 정보통신 기술과 교통의 발달로 먼 나라의 문화도 더 잘 알게 되었고, 국제적 이주로 인해 문화와 민족이 서로 섞이게 되었습니다. 그러나 그만큼 '국제사회'라는 표현이 범위를 크게 벗어나 쓰이고 있습니다.

다국적기업, 비정부기구NGO, 국제기구, 테러집단, 국제 언론기관 같은 비국가적인 주체들이 국제관계에 큰 영향을 끼치지만, 그들을 제외하고 오로지 국가들로 한정해서 살펴보면, 현재 각 국가 구성원들 모두가 같은 이익관계를 갖고 있지 않음은 분명한 것 같습니다. 물론 세계는 더 이상 냉전시대처럼 양 진영으로 분열되어 있지 않습니다. 그러나 큰 쟁점과 관련하여 하나의 집단적 의견을 모으는 것은 헛된 일입니다. 논란이 일어나지 않도록 결론을 내어 공동의 이익을 중재할 수 있는 국제적 통치는 존재하지 않습니다. 결국 우리는 개별 국가들의 서로 다른 이익과 각 나라의 선거 일정에 맞춘

단기적 선택에 그칠 뿐, 장기적 성찰에는 도달하지 못합니다.

전 세계적인 재난이 발생할 경우, 국제사회가 등장하고는 합니다. 지구온난화, 자연재해, 핵 위기, 유행병의 확산 같은 경우가 해당됩니다. 문제는 국가 간의 경계가 이러한 재난들을 멈추게 할 수는 없으면서, 공동의 결정을 막을 만큼 충분히 강하다는 것입니다. 지구온난화 같은 문제가 대표적인 예입니다. 지구온난화는 강대국이든 약소국이든, 공해가 심하든 그렇지 않든 모든 나라와 연관되어 있습니다. 이 문제는 긴급하지만 동시에 장기적으로 행동해야 하는 것입니다. 개별 국가들은 자신의 수준에 맞게 행동할 수 있습니다. 그러나 많은 국가들은 아직도 지구온난화를 해결하기 위한 효과적이고도 강제성 있는 공동체적 결정을 내리지 못했습니다. 게다가 대중매체가 국제사회라는 용어를 사용할 때는 대체로 긍정적인 결정이나 결과가 부재하다는 것을 상기시키기 위한 것입니다. 국제사회가 존재한다면 그것의 가장 눈에 띄는 특징은 '무능력'입니다.

13

현재 테러리스트들의 위협은 영토를 벗어나
있지만, 겨누고 있는 대상은 국가의 영토
안에 있습니다.

이제 국경은
사라졌다

세계화로 인해 유통과 네트워크는 모든 국경을 넘나들 수 있게 되었다. 영토에 관한 논란은 큰 문제가 아니다. 통신과 인터넷의 발달로 시간과 거리는 놀라울 정도로 축소되었고, 그것은 국가원수나 평범한 시민에게나 마찬가지다. 수천 킬로미터 멀리 떨어져 있는 사람들과도 실시간으로 연락할 수 있다. 어마어마한 통화의 흐름이 그 어떤 물리적 장벽 없이 순식간에 지구 전체를 한 바퀴 돌 수 있다.

세계화는 종종 영토 논리에 마침표를 찍고 국경을 제거하는 것으로 소개되었습니다. 물론 통신의 발달로 거리는 짧아졌고, 80일간의 세계 일주는 이제 더 이상 특별한 일이 아닙니다. 또한 세계 어떤 나라도 자급자족 체제로는 살아갈 수 없습니다. 북한조차 이웃 나라들을 포함한 세계 각국과 관계를 맺고 있습니다. 그렇다면 정말로 국경은 사라졌을까요?

개별적인 비즈니스 출장이든 단체해외관광이든 지구의 북반구에서 남반구로 이동하는 것은 점점 더 간편해지고 비용도 싸졌지만, 남반구에서 북반구로 경제적 이유 때문에 이주하는 것은 점점 더 힘든 일이 되고 있습니다. 교통은 편리해졌지만, 세계 각국은 19세기에는 존재하지 않았던 '비자'라는 제한정책을 펴왔습니다. 비자 제한이 큰 효과를 발휘하지 못하게 되자, 이제는 미국이 멕시코와의 국경에서 했던 것처럼, 스페인이 유럽연합EU의 입구이자 모로코

내 고립 영토인 세우타와 멜리야를 보호하기 위해 모로코에 했던 것처럼(스페인은 2차 세계대전 이후 자신들의 보호 아래 있던 북아프리카 영토 대부분을 되돌려주었으나, 모로코에 있는 세우타와 멜리야 지역에 대한 소유권은 포기하지 않아 지금까지도 양국 사이 갈등의 원인이 되고 있다. ─옮긴이), 더 높고 뚫기 어려운 장벽을 세우려 시도하고 있습니다.

영토 경계는 여전히 대부분의 분쟁의 주요 원인으로 남아 있습니다. 이스라엘과 팔레스타인을 대립시키는 상징적인 갈등 또한 영토 분배에 관한 정치적 분쟁입니다. 거기에는 예루살렘 시가 포함되어 있지만 종교 갈등에서 기인한 것은 아닙니다.

1990~91년의 1차 걸프전은 이라크의 쿠웨이트 합병 때문에 일어났고, 2차 걸프전은 2003년 중동의 지역 구도를 재편하려는 미국의 의도 때문에 일어났습니다. 해결되지 않는 많은 영토 분쟁들은 국가 간 갈등의 원천입니다.(인도와 파키스탄이 그 예입니다.) 현재 테러리스트들의 위협은 영토를 벗어나 있지만, 겨누고 있는 대상은 국가의 영토 안에 있습니다. 그렇기 때문에 방어체제를 조직해야 하는 책임은 이제 해당 국가들에게로 돌아갑니다.

그러므로 국경, 영토, 국가는 21세기 국제관계를 이해하는 데 여전히 적합한 개념들입니다.

14

냉전의 종식이 실제적인 집단안보체제를
자리 잡게 하는 돌파구가 되지는
못했습니다. 결과적으로 자주와 독립의
조건은 방위력의 보존이었습니다.

군사력은 더 이상
필요치 않다

냉전시대가 끝나고 소련의 위협이 사라진 후, '평화배당금'(소련 등 동유럽 사회주의권이 무너지면서 서구 자본주의 국가들이 그동안 군비에 쓰던 비용을 복지와 경제발전에 쓸 수 있게 된 것 — 옮긴이)에 관해 많은 논의가 있었고, 그것이 세계 군비의 대규모 축소라는 희망에 이르게 했다.

동서 진영의 대립은 소련과 미국을 값비싼 군비경쟁에 뛰어들게 했습니다. 이 경쟁으로 인해 미국은 상대적으로 쇠퇴했고, 소련은 말 그대로 소진되었습니다. 이와 반대로 2차 세계대전 이후 전략적 자주권을 빼앗겼던 독일과 일본 같은 나라는 재정 상태가 상당히 튼튼해졌습니다. 이제 군사력이 열강을 정하는 기준이 되는 것은 시대에 뒤떨어진 것이라고 생각할 만한 근거가 충분합니다. 게다가 UN은 1990년부터 91년까지 이라크 전쟁에 대해 집단안보Collective security 규정을 적용시키는 데 성공했습니다. 재정의 많은 부분을 군사비용에 쓰는 일은 더 이상 불필요했고, 심지어 역효과를 불러오기도 했습니다. 군사비용은 더 이상 한 나라의 안전에 기여하지 못할 뿐 아니라 국력을 약화시키기도 했습니다.

그러나 방위비의 규모와 경제 건전성과의 비례 관계는 명확하지 않습니다. 국가 재정의 15~20퍼센트를 군비에 들였기 때문에 구소련이 경제적으로 약해진 것은 사실이지만, 소련 체제가 실패한 데는 관료주의, 주도적 개혁의 부재 등 다른 이유들도 있습니다. 일본은 국가방위에 GDP의 1퍼센트만 할당함으로써 건강한 재정 상태를 유지하고 있습니다. 하지만 그 반대의 예들도 있습니다. 대만은 GDP의 10퍼센트를 국가방위에 사용하지만 1퍼센트 이하를 사용하는 아프리카의 많은 나라들보다 훨씬 재정 상태가 좋습니다. 게다가 1990년부터 91년까지의 이라크전을 제외하면, 냉전의 종식이 실제적인 집단안보체제를 자리 잡게 하는 돌파구가 되지는 못했습니다. 결과적으로 자주와 독립의 조건은 방위력의 보존이었습니다.

법치가 온전히 이루어지지 않는 세계에서는 국가방위 능력이 자국의 정치적 독립을 보장합니다. 반대로, 정치적 분쟁 해결을 위해 지나치게 군사력에 의존하는 것은 2003년 이후 이라크에서 미국의 실패가 보여준 것처럼 전략적으로 심각한 오류를 불러올 수 있습니다. 미국은 오늘날 전 세계 군사비용의 약 40퍼센트, 즉 1조 6000억 달러 중 6000억 달러를 홀로 쓰고 있지만(2013년, 국제전략연구소IISS), 그렇다고 그들의 안보가 그만큼 잘 보장되고 있는 것은 아닙니다. 게다가 냉전의 종식에도 불구하고 군비경쟁은 매우 비합리적으로 계속되고 있습니다.

15

결국 국가 기반시설 건설은 물론,
투자 규정과 노동권 같은 문제를
결정하는 것은 국가입니다.

국가는 더 이상
국제문제에 관여하지
않는다

큰일을 하기에는 존재가 너무 미약하고, 작은 일을 하기에는 너무나 큰 전통적인 민족국가는 세계화 시대에 그 유용성과 역할을 잃어버렸다. 국가는 국제무대에서 다국적기업, 국제기구, NGO, 그리고 다양한 새로운 주체들과 경쟁하고 있다. 이들은 국가보다 훨씬 더 기동력 있고 유연하며, 여론에 큰 영향을 끼친다.

국가가 국제무대에서 더 이상 독점적 역할을 하지 못하는 것은 분명합니다. 따라서 두 세대 전의 전통적 이론에서처럼 국제관계를 국가 간의 관계로 한정하여 설명할 수 없게 되었습니다.

사실 이러한 역할 독점이 실제로 존재했던 것도 아닙니다. 동인도회사로부터 성당기사단, 그리고 예수회에 이르기까지 종교적 목적이나 경제적 목적을 가진 주체들이 해당 시기 일어났던 국제적 사건들에 실질적 힘을 행사했습니다. 1648년, 통치주권 원리와 국가의 중심 역할을 인정하는 베스트팔렌 조약Peace of Westfalen이 제정되었지만 비국가적 주체들은 살아남았습니다. 국가는 국제무대에서 항상 이러한 경쟁자들과 맞서왔습니다. 그러나 오늘날 세계화로 인해 이러한 경쟁자들이 더 많아지고 더 다양해졌으며 더 활동적이고 더 눈에 띄게 되었습니다.

국경을 초월한 목적을 가진 NGO들에게는 국가의 통치권을 벗어나는 것 자체가 목표가 되고 있습니다. 다국적기업들은 자기들에게 유리한 권력 관계를 맺을 수 있고, 그 관계의 대상에는 비교적 발전된 국가들과 더불어 빈국들도 포함됩니다.

여타의 비국가 주체들은 국가 주체들에 비해 유연하고, 더 빠르게 반응하며, 결정하고 실행하기까지의 절차가 복잡하지 않습니다. 예를 들어, 반세계화 운동가들은 인터넷을 이용하여 1999년 시애틀 WTO 정상회담에 대한 강력한 반대운동을 기록적인 시간 안에 조직해냈습니다.

국가는 더 이상 독점적 지위를 갖고 있지는 않지만, 여전히 변함없이 국제관계의 중심적 존재로 남아 있습니다. NGO에서 다국적 기업까지 여타 주체들 모두의 활동 방향이 국가를 향하고 있습니다.

다국적기업의 힘이 어떠하든지, 그리고 자신들의 이익을 위해 국가들에게 압력을 행사하려는 그들의 로비활동이 어떠하든지 결국 국가 기반시설 건설은 물론, 투자 규정과 노동권 같은 문제를 결정하는 것은 국가입니다. NGO가 대인지뢰 금지, 교토의정서, 약품 특허권 기간 같은 규정 제정을 주장할 수는 있습니다. 그러나 조약의 비준이나 거부를 통해 이 규정을 만들기로 결정하는 것은 결국 국가가 하는 일입니다. 국가는 국제사회를 대표하는 독점권은 잃어버렸지만, 여전히 국제무대에서 우위를 유지하고 있습니다.

16

인류의 6분의 1이 전 세계 부의 6분의
5를 앞으로도 지속적으로 이용할 수 있을
것이라고 상상할 수 있을까요? 균형의
재조정은 불가피합니다.

서구 세계는
위태롭다

서구 세계가 여전히 전 세계를 지배하고 있지만, 아시아와 이슬람 강대국들의 도전이 점점 더 거세지고 있다. '백인' 세계의 인구는 감소했고 침몰의 위험에 처해 있다.

15세기부터 20세기 초에 이르기까지 유럽이 세계를 지배했습니다. 미국이 그 뒤를 이었고, 1960년대 말~1980년대 초 짧은 기간 소련이 미국과 대등한 경쟁을 했지만, 결국 미국이 어렵지 않게 경쟁에서 승리했습니다. 그러나 서구 세계의 일부는 강대국 미국의 힘에 문제가 있음을 걱정하고 있습니다.

무엇보다 먼저 '서구 세계'의 정의에 관해 이해해야 할 필요가 있을 것 같습니다. 엄격한 의미에서 이 용어는 단지 유럽, 아메리카, 캐나다만을 지칭하는 것일까요? 아니면 '백인'종 중심 나라들인 오스트레일리아, 뉴질랜드를 추가해야 할까요? 아니면 산업이 발달한 국가들인 한국, 일본, 대만 등을 추가해야 할까요? 우리는 서구에 관한 정의가 다양할 수 있다는 것을 알고 있습니다. 위협의 정의도 마찬가지입니다. 일본은 1980년대에 유럽과 미국의 경제 안보에 위협적인 존재였습니다. 오늘날은 더 이상 그렇지 않습니다. 아프리카와 아시아 국가들의 인구팽창과 유입이라는 압력과 이슬람 종교의 팽창으로 인한 정치적 압력, 그리고 인도와 중국이라는 성장하는 두 거대 국가의 경제적 압력 등이 서구 세계의 우월적 지위가 위협받고 있고 상실되었다는 인상을 주고 있습니다.

그럼에도 불구하고 서구 국가들의 지배적 위치는 확고해 보입니다. 그들은 세계에서 가장 부유한 나라들입니다. 전 세계 GDP 중 미국이 24퍼센트, 유럽이 31퍼센트, 일본이 8.4 퍼센트를 차지하고 있습니다. 이들은 원자재와 에너지의 주요 소비국이며, 이들의 화폐는 국제무역의 기축통화이고, 이들이 경제 흐름을 통제하는 동시에 군사적 우위도 점하고 있습니다.

그러나 인류의 6분의 1이 전 세계 부의 6분의 5를 앞으로도 지속적으로 이용할 수 있을 것이라고 상상할 수 있을까요? 균형의 재조정은 불가피합니다. 중국의 경제적 발전과 부상은 정상 상태로 되돌아가는 것이라고 말할 수 있습니다. 그것은 중국이 19세기 초반에 세계 경제에서 차지했던 역할을 되찾는 것에 지나지 않기 때문입니다. 인도, 브라질, 남아프리카공화국 같은 다른 신흥국들도 최소한 지역 수준에서 강대국의 지위에 있으며, WTO 같은 여러 국제기구에서 점점 더 활동적인 모습을 보이고 있습니다. 누구나 당연히 지배적인 위치를 지키고 싶어 하겠지만 그렇다고 해서 모든 수단이 적합한 것은 아닙니다. 만약에 서구 세계가 어떤 대가를 치르더라도 오늘날 존재하는 힘의 관계를 유지하고자 한다면, 그리고 이를 위해 무력을 사용하려 한다면, 서구 세계는 커다란 환멸의 대상이 될 것이며, 돌이킬 수 없는 위험에 빠지게 될 것입니다. 서구 세계가 자기들도 혜택을 얻을 수 있는 힘의 균형의 재조정을 받아들인다면, 그만큼 용이하게 자신들의 위상을 유지하게 될 것이며, 그 위상이 급격하게 추락하는 것을 막을 수 있을 것입니다.

17

과거의 선거는 형식적이었지만, 이제는
진정한 국가 지도자를 뽑는 수단이
되었습니다. 시장경제 역시 꾸준히
발전하고 있습니다.

아프리카는
결코 발전하지 못할
것이다

끝없는 내전으로 분열이 계속되고 부정부패가 만연해 있으며 에이즈에 의해 황폐해진 아프리카, 이런 극적인 표현들 외에는 아프리카를 묘사할 방법이 없는 것처럼 보인다. 아시아와는 달리 아프리카는 경제발전을 이루지 못했다. 독립 이후 사회주의든 자본주의든 모든 모델이 실패했다.

아프리카에 대한 비관론에는 많은 이유가 있습니다. 세계 인구의 12퍼센트를 차지하지만 GDP는 겨우 1퍼센트를 차지하고, 무역량은 전체의 2퍼센트에 지나지 않습니다. 세계 에이즈 사망자 의 70퍼센트와 2006년 세계 에이즈 원인균 환자의 3분의 2가 아프리카에 집중되어 있습니다. 아프리카를 두고 동서 진영이 경쟁하던 냉전시대가 종말을 맞았지만, 이것은 역설적으로 아프리카 자체에 이익을 가져다주지 못했습니다. 우리는 1970~80년대 강대국들이 아프리카에 손길을 뻗치는 것을 규탄했지만, 1990년대 들어 아프리카를 내버려두는 것이 더 끔찍한 일이 될 수 있음을 알게 되었습니다.

그러나 아프리카에 대한 낙관론에는 타당한 이유들도 있습니다. 우선 여러 어려움에도 불구하고 아프리카 대륙은 전반적인 경제성장을 경험했고, '개발예비지역'으로 여겨지게 되었습니다. 가나, 세네갈, 코트디부아르, 말리 등 많은 나라들이 정권교체로 인한 민주주의의 혜택을 보고 있습니다. 과거의 선거는 형식적이었지만, 이제는 진정한 국가 지도자를 뽑는 수단이 되었습니다. 시장경제 역시 꾸준히 발전하고 있습니다. 아프리카는 또다시 과거의 식민 모국이었던 프랑스나 미국 같은 강대국들의 커다란 관심을 받고 있습니다. 물론 그러한 관심은 테러와의 전쟁과 석유가 주요인이기는 합니다.

중국은 2006년 베이징에서 아프리카 46개국 대표들과 중국-아프리카 정상회담을 개최했습니다. 인도, 브라질과 마찬가지로 일본 역시 아프리카에 매우 적극적입니다. 선진국과 신흥 개발국들이 아프리카 대륙에 새롭게 관심을 보이는 것은 세계화의 수많은 쟁점들 때문입니다. 원자재, 대유행병과의 싸움, 인구의 대이동, 환경보호 등이 그것인데, 아프리카는 이 쟁점들의 핵이 되었습니다. 비록 소말리아, 짐바브웨, 콩고공화국처럼 파산한 국가들이 있지만, 아프리카 대륙은 금세기 초부터 매년 5퍼센트의 경제성장을 하고 있습니다.

물론 아직도 갈 길은 멉니다. 아프리카는 교육, 의료, 고용 등 젊은 세대들에 관한 산적한 문제들을 해결해야 하고, 올바른 통치 구조와 더욱 견고한 정부조직을 정착시켜야 합니다. 다행히 아프리카에는 본받을 만한 좋은 모델들이 있습니다. 특히 남아프리카공화국은 외부의 비관적인 예측에도 불구하고 2010년 월드컵을 성공리에 치러, 성장의 원동력을 얻고 민주주의 이행의 성공적인 예가 되었습니다.

18

세계화, 국제적 활동 주체들의 증가와
다양화, 그리고 직면한 큰 규모의 세계적
문제들 때문에 일극체제는 불가능합니다.
또한 미국의 우월적 위치 때문에 세계는
다극화되지도 못합니다.

세계는
일극체제이다

미국의 위세에는 그 어느 나라도 맞설 수 없다. 미국과 비교할 만한 세력은 없다. 역사상 세계를 지배했던 그 어떤 나라도 미국만큼 강력하게 지배한 적은 없었다.

실제로 미국의 위세와 견줄 수 있는 세력은 없습니다. 과거 소련처럼 미국과 견줄 경쟁자는 더 이상 존재하지 않습니다. 유럽은 통일성과 전략적인 힘이 부족합니다. 일본은 미국 GDP의 3분의 1밖에 되지 않을뿐더러 자국의 안보를 워싱턴에 상당히 의존하고 있습니다. 중국은 미국에 비해 사회적 매력이나 활기, 부유함이 상대적으로 한참 뒤떨어집니다. 러시아는 1990년대부터 이어진 쇠락에 마침표를 찍긴 했지만, 과거 소련의 영광을 다시 찾기에는 갈 길이 멀기만 합니다.

힘의 척도를 경제·전략·문화·기술의 측면에서 평가하면, 미국은 각 영역은 물론 네 영역을 다 합해도 선두 자리를 차지하고 있습니다. 2013년 기준 미국의 GDP는 세계 1위로 16.7조 달러에 달합니다. 반면 중국은 놀라울 정도의 성장에도 불구하고 미국에 한참 뒤처져 있습니다. 미국의 인구는 3억 명이 넘습니다. 그 결과 내수시장이 확보되어 있습니다. 미국은 서구 세계 국가들 중 드물게 인구 성장을 예측할 수 있는 나라입니다. 물론 이 인구 성장은 주로 이민과 연계되어 있습니다. 미국은 매년 국방을 위해 프랑스의 10

배 이상을 지출하고 세계 특허 등록의 거의 절반을 휩쓸고 있으며 한 해에 500여 편의 영화를 제작합니다. 전 세계 각국의 가장 중요한 상호관계는 그것이 좋든지 나쁘든지 워싱턴과 맺은 관계입니다.

그렇다고 해서 매우 단순하게 세계가 일극화되어 있는 것은 아닙니다. 왜냐하면 글로벌화된 세계에서는 단지 한 나라가 지구 전체를 지배할 수 없기 때문입니다. 이를 증명하는 여러 예가 있지만 그중 이라크 전쟁과 아프가니스탄 전쟁만으로도 충분히 입증이 가능합니다. 만약 세계가 일극체제였다면 초강대국인 미국이 2500만 명의 인구, 30년간의 독재권력에 의한 파괴, 12년간의 무역 제재조치와 세 번의 큰 전쟁을 겪은 한 나라를 관리하는 일에 아무런 어려움도 겪지 않았을 것입니다. 일극화된 세계에서라면 미국은 이스라엘과 팔레스타인이 미국이 원하는 평화를 받아들이게 하는 데 성공할지도 모릅니다. 이렇게 얻은 평화에서는 미국·이스라엘의 전략적 동맹과 미국이 아랍 국가들과의 관계를 개선해야 할 필요성이 서로 충돌하지 않을 것입니다. 또한 미국은 큰 국가이든 작은 국가이든 자신들의 패권에 격렬하게 또는 온건하게 저항하는 국가들을 무릎 꿇리고 아주 간단하게 자신들의 명령을 따르도록 했을 것입니다. 어쩌면 이란은 핵 프로그램을 중단하고, 중국은 위안화를 평가절상 했을지도 모릅니다.

세계화, 국제적 활동 주체들의 증가와 다양화, 그리고 직면한 큰 규모의 세계적 문제들 때문에 일극체제는 불가능합니다. 또한 미국의 우월적 위치 때문에 세계는 다극화되지도 못합니다. 버락 오바마 미국 대통령은 이러한 상황을 "미국 없이는 어떤 문제도 해결할 수 없고, 미국 홀로는 어떠한 국제적 문제도 해결할 수 없다"는 말로 설명했습니다.

19

유대인과 아랍인 또는 무슬림과 기독교인의
차이는 종교에 있지 않습니다. 각각의
공동체에는 평화와 화목을 지지하는 자들과
분쟁을 지지하는 자들이 모두 존재합니다.

이스라엘과 아랍은
결코 평화롭게 지낼 수
없을 것이다

지금까지도 이스라엘과 아랍의 평화를 위한 어떤 협정이나 중재 시도도 성공하지 못했고, 이들 사이에는 여전히 폭력과 충돌의 기운이 흐르고 있다. 아랍 사람들과 이스라엘 사람들은 끝없는 전쟁에 뛰어들었는데, 그것은 특히 그들의 종교적 반목 때문이다. 그들은 서로 너무 달라서 평화롭게 살 수 없다. 더구나 그들은 같은 땅을 원한다.

1948년 이스라엘이 건국된 이래, 아랍 사람들과 이스라엘 사람들 사이, 또는 이스라엘 사람들과 팔레스타인 사람들 사이에는 어떠한 포괄적 협정도 이뤄지지 않았습니다. 왜냐하면 그들은 서로를 향해 평화 정착 실패에 대한 책임이 있다고 비난하기 때문입니다. 유대인들과 아랍인들의 대립은 1947년 UN이 팔레스타인을 분할하겠다는 결의를 내기 이전인, 두 차례의 세계대전 사이에 시작되었습니다. 그렇게 이스라엘-아랍 분쟁은 끝없는 전투 같은 느낌을 갖게 하며, 오랜 세월에도 불구하고 기대와는 다르게 상호 적대감은 여전히 사라지지 않고 있습니다.

그러나 평화가 불가능한 것은 아닙니다. 무엇보다 먼저 1492년 스페인 왕국에서 추방된 이후, 유대인들이 그들의 피난처를 아랍에서 찾았다는 것을 기억해야만 합니다. 그곳에서 유대인들은 소수 민족이었기 때문에 동등한 권한을 부여받지는 못했지만, 적어도 폭력의 희생양이 되지는 않았습니다. 그리고 1948년, 1956년, 1967

년, 1973년, 1982년, 2006년, 2008년에 이스라엘과 주변 아랍 국가들은 전쟁으로 대립했지만, 이스라엘은 한편으로 이집트와, 또 다른 한편으로는 요르단과 평화협정을 체결하였습니다. 또한 수많은 전문가들은 1995년 유대인 극단주의자에 의해 이츠하크 라빈 이스라엘 총리가 암살되지 않았다면, 팔레스타인의 독립을 합의한 1993년의 오슬로 평화협정이 진정한 평화를 가져올 수 있었을 것이라고 얘기합니다.

2002년 아랍 국가들은 (나중에 사우디아라비아의 왕이 된) 사우디 왕세자의 이름을 딴 '압둘라 계획'을 통해, 주변 나라들이 이스라엘을 정식 국가로 인정하는 대가로, 1967년 이래 이스라엘이 점령한 영토에서 이스라엘인들이 철수하는 것을 포함하는 포괄적인 협정을 제안했습니다. 이 일은 이스라엘인들이 팔레스타인 국가라는 개념 자체를 거부하고, 아랍의 반대파들이 '시온주의 집단'의 파멸을 호소하던 가운데 일어난 일입니다. 그러므로 이 제안은 이스라엘-아랍 관계에 있어 중대한 진전이라고 말할 수 있습니다.

최근 여론조사에 따르면 이스라엘인들 중 3분의 2가량이 팔레스타인 국가를 인정하고 있습니다. 팔레스타인 쪽에서는 주민들 중 상당한 사람들이 이제 이스라엘의 존재를 인정하고 있습니다. 또한 이스라엘 사람들과 팔레스타인 사람들 간의 협의 조건들이 알려졌고 여러 계획들에서 언급되었습니다. 그 구체적인 내용은 아랍 국가들이 이스라엘과 그들의 안전에 대한 권리를 인정하는 것이며, 그와 동시에 이스라엘은 (팔레스타인 국경을 감시할 권한조차 갖지 못하는) 국가 기구로서가 아니라 진정한 팔레스타인 국가의 설립을 받아들이는 것입니다. 또한 그 지역은 1967년 당시의 국경 지대를 기준으로 상호 동의 아래 영토 보상이 이루어진다는 조건이며, 예루살렘이 두 나라 각각의 수도가 된다는 것입니다.

유대인과 아랍인 또는 무슬림과 기독교인의 차이는 종교에 있지 않습니다. 각각의 공동체에는 평화와 화목을 지지하는 자들과 분쟁을 지지하는 자들이 모두 존재합니다. 그러므로 이것은 정치적 선택의 문제이지 종교적 결정의 문제는 아닙니다. '영토와 맞바꾸는 평화'라는 공식은 평화가 영토와 정치적 타협을 기반으로 가능하다는 것을 잘 설명하고 있습니다.

20

아프리카 내전, 체첸 전쟁, 발칸 지역의
전쟁들……. 20세기 말 지구를 피로 물들인
모든 분쟁들이 대량살상무기와 함께
이루어진 것은 아니었습니다.

대량살상무기가
존재한다

1990년대 초, 'WMDWeapons of Mass Destruction'라는 새로운 종류의 무기들이 나타났다. 이런 이름이 붙은 이유는 그것이 불러일으킬 공포와 잠재적으로 만들어낼 수 있는 피해의 크기 때문이었다.

'WMD'라는 명칭은 실제로는 매우 다른 속성을 갖는 무기들을 한데 묶어놓고 있습니다. 핵무기, 생물학무기, 화학무기, 그리고 그 자체로는 무기가 되지 않지만, 무기의 운송수단이 되는 탄도미사일 등이 포함되기도 합니다. 핵무기는 억제화력, 즉 사용되지 않을 때만 가치 있는 무기입니다. 핵무기의 목적은 전쟁을 피하는 것이지, 전쟁에 이기는 것이 아닙니다.

그러나 만일 이 억제력이 실패한다면, 현재 보유하고 있는 핵무기의 파괴력은 실제로 지구를 몇 번이라도 사라지게 할 수 있을 만한 것입니다. 더구나 핵무기는 억제화력이 아닌 파괴의 무기로 이미 두 번이나 사용되었습니다. 미국은 1945년 8월, 일본의 히로시마와 나가사키를 폭격함으로써 20만 명의 직접적 사망자를 냈습니다. 또한 핵무기에 쓰인 기술들은 '방사성 오염 폭탄(더티밤dirty bomb)'을 만드는 데 사용될 수도 있습니다. 이것은 재래식 폭발물을 방사성 생성물들로 두른 장치입니다. 정규 군대에서 쓰일 일은 극히 적겠지만, 테러리스트 집단이 사용할 가능성이 있습니다.

화학무기는 1차 세계대전에 처음 사용되었는데, 핵무기보다 기술적·재정적으로 개발이 더 쉽기 때문에, 종종 '가난한 이들의 핵무기'라 여겨져왔습니다. 핵무기와 달리 화학무기는 억제무기가 아니라 사용하기 위한 무기입니다. 그렇다고 해서 화학무기의 사용이 간단한 것은 아닙니다. 역풍이 부는 경우에는 화학무기가 도리어 발사한 이들에게 되돌아올 수 있습니다. 1차 세계대전 중 끔찍한 겨자 가스가 사용되어 화학무기가 많은 사람들의 뇌리에 깊이 각인되었으며, 1988년 쿠르드족 탄압 때 사담 후세인 정부와 그의 사촌이자 '케미컬Chemical 알리'로 악명 높던 알리 하산 알 마지드가 사용하기도 했습니다.

생물학무기는 자연에 존재하는 병원체들을 이용해 만듭니다. 이것들은 매개물에 붙는 전염성 병원체로, 이들을 실어 나르게 되는 유기체 안에서 번식하고 증식하게 됩니다. 전략적 관점에서 대량살상무기라는 개념은 잘못된 것이라고 말할 수는 없지만, 매우 애매한 개념입니다. 20세기에 인류는 대량살상무기를 사용하지 않고도 수많은 대규모 학살을 저질렀습니다. 1994년, 르완다에서는 주로 정글도만(남미의 벌채용 큰 칼―옮긴이)을 이용한 민족말살행위가 이뤄져 50만에서 80만의 사상자를 내기도 했습니다. 2001년 9·11테러 당시 테러범들은 민간 항공기를 납치하는 데 커터 칼을 사용했습니다. 아프리카 내전, 체첸 전쟁, 발칸 지역의 전쟁들……. 20세기 말 지구를 피로 물들인 모든 분쟁들이 대량살상무기와 함께 이루어진 것은 아니었습니다.

서로 다른 핵무기, 생물학무기, 화학무기 등이 대량살상무기라는 위험해 보이는 이름으로 묶인 건 이 무기들이 하나의 공통점을 가지고 있기 때문입니다. 즉, 강대국들은 약소국이 이러한 무기들을 갖춘 후, 강대국을 위협하거나 약소국에게 유리한 쪽으로 힘의 관계를 조정하게 되는 것을 두려워합니다.

21

우리는 다른 나라에게 핵무기를 사용한
유일한 국가가 민주주의 국가인
미국이라는 사실을 기억해야 합니다.

우리는 핵확산을
겪고 있다

핵무기를 소유한 국가의 수가 통제할 수 없이 빠르게 늘고 있다. 이것은 핵의 확산 현상이다.

1960년대에 전문가들은 핵무기 확산을 두 가지로 구분했습니다. 하나는 핵무기를 소유한 국가의 수가 증가하는 '수평적' 확산이고, 다른 하나는 기존 핵보유국의 무기고에 핵무기의 숫자가 늘어나는 '수직적' 확산이었습니다. 1968년 서명된 핵확산금지조약은 비핵국가가 핵무기 획득을 포기하는 대가로 핵보유국들이 총체적이고 완전한 핵무장 해제 조약을 긍정적으로 고려하여 협상하겠다는 약속을 포함하고 있습니다.

간단히 말하면 수평적 확산 방지의 대가를 수직적 확산에 대한 포기로 치르는 것이었습니다. 오늘날 핵확산을 이야기할 때면, 오직 수평적 확산만을 고려합니다. 더구나 확산이라는 용어가 완전히 적합한 것도 아닙니다. 사실 확산이란 어떤 현상이 빠르고 통제 불가능하게 증가하는 것을 의미하기 때문입니다. 1960년대 초반 케네디 대통령은, 20년 후면 세계에 30여 개국의 핵보유국이 존재할 것이라고 예견했습니다. 그러나 핵보유국이 지속적으로 증가하고 있지만, 확산이라고 할 정도로 빠르게 증가하는 것은 아닙니다. 1940년대에는 미국과 소련, 두 나라가 핵무기를 보유하고 있었으며, 1950년대에는 영국 한 나라가 더 늘어났고, 1960년대에는 프랑스와 중국이 추가되었으며, 20세기 말까지는 이스라엘, 파키스탄, 인도가 새로이 더해졌습니다. 최근에는 북한도 핵무기를 가지고 있다고 선언했습니다. 그로 인해 한국, 미국, 러시아, 일본, 중국이 북한 핵무기 해체를 위해 혼란스러운 협상을 지속하고 있습니다. 이란은 핵무기를 보유하려 한다고 의심받고 있는 나라입니다. 이렇듯 핵보유국이 증가하고는 있지만 느린 속도로 진행되고 있기 때문에, 진정한 의미의 확산이라고는 말할 수 없습니다. 그리고 이란의 핵프로그램이 군사적 목적에 의한 것인지는 아직 확실하지 않습니다. 이에 대한 의구심은 잠재적이지만 주요한 전략적 난국들 중 하나를 이루고 있습니다. 핵 비확산 정책은 하나의 모순에 근거하고 있습니다. 이는 다른 나라들의 핵무기 사용을 억제한다는 명분으로 자국의 핵무기 소유를 정당화하는 나라들이, 다른 나라들의 핵보유에 대해 국제 안전을 위협한다고 평가하는 모순입니다.

이러한 지능적인 모순을 넘어, 핵보유국이 늘어나면서 그만큼 위험도 증가하고 있다는 점은 인정해야 합니다. 서방 세계는 이러한 상황이 약소국에 대한 자신들의 우위에 위협을 준다고 생각합니다. 핵을 확산시키는 나라들의 인접 국가들을 제외하면, 다른 나라들에서는 이러한 새로운 정세가 큰 위협으로 느껴지지는 않습니다. 그렇다면 핵 확산 국가가 어떤 체제인지가 중요한 것일까요? 핵을 단념하도록 유도하는 것은 이성적인 지도자가 존재하는 민주주의

대국들만이 해야 하는 것 아닐까요? 이러한 질문은 스탈린 시대의 소련이나 마오쩌둥 시절의 중국이 서구적 의미의 합리적 민주주의 국가는 아니었다는 것을 망각한 것입니다. 당시 소련과 중국 역시 '공포의 균형'이라는 전략에 동참했습니다. 또한 우리는 다른 나라에게 핵무기를 사용한 유일한 국가가 민주주의 국가인 미국이라는 사실을 기억해야 합니다. 미국은 1945년 8월 일본을 향해 두 번이나 핵무기를 사용했습니다. 물론 그 당시에는 핵무기 사용 억제라는 개념이 존재하지 않았던 것도 사실입니다. 더구나 이란이나 북한 같은, 독재체제나 국제질서에 항의하는 체제들 속에서 해당 나라 국민들의 고통은 커지게 되고 이웃 국가들은 크게 우려할 수밖에 없습니다.

그럼에도 불구하고 핵무기 보유가 반드시 핵무기 사용으로 이어지는 것은 아닙니다. 핵 억제는 그러한 나라들의 정권에게 유리하게 작용하기도 합니다. 북한의 경우 미국이 핵 억제력을 발휘하고 있으며, 이란은 미국과 이스라엘이 공동으로 담당하고 있습니다.

독재정권이 핵을 보유하려는 가장 큰 이유는 스스로 파멸의 길로 가려는 것이 아니라 자신의 권력을 지키기 위해서입니다. 핵무기 보유가 꼭 이웃을 공격하겠다는 의지를 드러내는 것은 아닙니다. 오히려 외부에 대해서는 물론, 내부 정치적 이유로 자기 체제의 안정성을 보장받으려는 방편이 될 수 있습니다.

22

테러 공격의 효과와 그 성공은 무엇보다도
심리적 측면과 관련이 있습니다. 더구나
산업 열강은 수십 년 전부터 안전하게
평화를 누리고 있다고 여겼기에 더욱
고통스럽게 9·11테러를 받아들였습니다.

테러는
주요한 위협이다

거의 매일 테러리스트의 위험이 언급되고 있다. 언론에서 정치 지도자나 전문가들은 국가안보나 국제안보와 관련하여 테러 위협을 중요하게 언급한다. 이 위협은 일상적으로 존재하며 우리의 생활양식을 규정한다.

전통적인 전쟁과는 반대로, 테러는 교통수단 이용, 직장 생활, 장보기, 여가 등 우리가 일상적 활동을 하고 있는 중에 우리를 덮칠 수 있습니다. 지금까지의 경험에 따르면 테러로부터 안전한 곳은 없습니다. 미국 경제력의 상징인 세계무역센터가 파괴될 정도라면, 그 어떤 보안조치도 완벽하지 않을 것입니다.

테러리스트들은 이동성, 공격 장소와 시점의 선택, 목표의 선택에 있어 유리한 조건을 가지고 있습니다. 그리고 하나의 성공한 테러는 실패한 다른 수십 건의 테러 공격을 잊게 만들기 충분합니다. 그리고 누구나 테러 공격을 실행할 수 있을 것처럼 보이기도 합니다. 왜냐하면 이러한 유형의 시도는 대단한 비용이 들거나 정밀한 수단을 필요로 하지 않기 때문입니다. 수제 폭탄 제조법은 심지어 인터넷에서도 찾을 수 있습니다! 이러한 이유로 매순간 테러의 위험이 느껴지기도 합니다. 그리고 테러 공격에 들어가는 인적·물적 비용은 일반적으로 민간인을 공격하는 전통적 무장 대결이나 폭격의 비용보다 훨씬 적습니다.

세계무역센터와 펜타곤에 대한 테러 공격이 정신적 충격을 주었던 것은 단지 이 공격이 미국 본토에서 일어났기 때문이 아니라, 매우 많은 희생자를 냈기 때문입니다. 거의 3000명에 달하는 희생자가 발생했고 이는 테러 공격을 준비한 자들도 놀랄 만한 것이었습니다. 그리고 전 세계 수백만의 시청자들이 이 공격을 생방송으로 지켜보았기 때문에 큰 충격에 휩싸였습니다. 희생자와 자신을 동일시하는 현상도 대단했습니다. '우리는 모두 미국인이다', 〈르몽드〉지가 그 당시 뽑은 1면 기사의 제목이었습니다. 이렇게 테러 공격의 효과와 그 성공은 무엇보다도 심리적 측면과 관련이 있습니다. 더구나 산업 열강은 수십 년 전부터 안전하게 평화를 누리고 있다고 여겼기에 더욱 고통스럽게 9·11테러를 받아들였습니다.

이러한 불균형적인 유형의 전쟁은 약한 세력들로부터 오는 위협을 안고 있었고, 열강의 재래식 무기고는 거기에 전혀 적응하지 못했습니다. 그렇게 전 지구적 차원으로 압박하는 위험, 특히 테러리스트의 위협을 아무것도 아닌 것으로 여기는 일은 망상 같아 보입니다. 지정학적 측면에서 위험이 없는 곳은 존재하지 않습니다.

23

의식적으로든 무의식적으로든 보편주의적
소명을 가진 일부 서양인들은 민주주의의
이상이라는 이름으로 힘의 정책을
이끌어가고자 할 수도 있습니다.

서양의 가치는
보편적이다

'보편적'이라고 알려진 가치들은 종종 서양의 가치들과 혼동된다. 왜냐하면 서양의 가치들이 자연스럽게 전 세계로 확대되기 때문이다. 민주주의와 인권은 서유럽에서 발생했으며 그 뒤로 다른 대륙으로 퍼졌다. 그때부터 서양의 규범을 수용하지 않으려는 저항은 기본권에 적대적인 체제들의 행태일 수밖에 없었을 것이다.

보편적 규범과 서양식 규범 간의 관계에 대한 논의에는 두 가지 암초가 있습니다. 첫 번째는 문화적 상대주의의 이름으로 기본적 권리 일부의 보편성을 부정하는 일입니다. 이는 심각한 인권 훼손을 정당화하게 될 것입니다. 두 번째는 문화의 계층화에 대한 의식에서 나타납니다. 의식적으로든 무의식적으로든 보편주의적 소명을 가진 일부 서양인들은 민주주의의 이상이라는 이름으로 힘의 정책을 이끌어가고자 할 수도 있습니다. 이러한 경향의 극단적 사례가 '민주적 시스템의 이식'이라는 목적에 의해 미국 정부의 눈에는 정당한 것처럼 보인 이라크 전쟁입니다.

　　민주주의와 인권은 서양의 국민들에게만 좋은 것일까요? 그렇지는 않습니다. 만약 그렇다면 그것은 민주주의의 혜택을 누리기 바라는 전 세계 모든 국민들의 열망을 부정하는 일이 될 것입니다. '아랍의 봄'(2010년 12월 17일 이후에 폭발하여 2011년에 절정을 맞고 지금까지도 여파가 미치고 있는 아랍권의 민주화 시위 — 옮긴이)이 그 증거입니다.

마찬가지로 아프리카 민주주의의 발전도 그러합니다. 아시아와 민주주의는 오랫동안 서로 양립할 수 없는 것으로 유명했습니다. 그러나 한국과 대만은 수십 년 만에 진정한 민주주의를 수립했고, 야당의 권리를 존중하며 정치적 정권교체를 이루어낼 수 있었습니다.

정치적 영역을 벗어난다면 가치의 대립은 특히 가족관계와 남녀관계의 영역에서 첨예하게 이뤄집니다. 싱가포르의 전임 총리 리콴유는 권위의 존중과 연장자에 대한 순종으로 이루어진 동양적 가치를 자유방임이라는 서양적 가치와 대립시켰습니다. 마찬가지로 여성의 권리 존중이라는 개념도 동양과 서양에서 차이를 보이기 쉽습니다. 광고나 포르노는 무슬림 세계에서 여성 권리에 대한 침해로 간주되며, 서양 세계에서는 얼굴을 가리는 베일의 착용이나 일부다처제가 여성 권리 침해로 여겨집니다.

24

9·11테러 다음날, UN 총회는
세계인권선언이 모든 민족과 국가가
나아가야 할 공통의 이상임을 선언하며
'문명국가들 간의 대화'를 위한 세계적
프로그램을 만들었습니다.

보편적 가치는 없다

각 문명은 자기 고유의 가치를 가지고 있다. 모든 사람들이 동일한 것을 바라지는 않는다. 민주주의와 인권 존중의 정도는 역사와 상황, 관습 등에 따라 다르다.

하지만 일반적이면서 UN 회원국들이 인정하는 보편적 가치가 존재합니다. 자유, 법치국가, 사회적 진보, 법의 평등, 존엄성 등은 모두에게 일반적으로 수용되는 보편적 가치로서, 특히 전 UN 사무총장 코피 아난이 언급한 바 있습니다. 그런데 이 보편성에 대한 네 가지 반론이 있습니다. ①'보편적'이라고 하는 가치들은 사실은 단지 서구의 가치, 나아가 기독교적 가치 아닌가? ②이러한 가치들을 수출하려는 노력은 서양이 다른 지역을 지배하려는 시도를 보여주는 신호가 아닌가? ③반대로 이탈리아 총리 실비오 베를루스코니는 어떻게 감히 9·11테러 이후 다른 문명에 대한 서양 문명의 우월성을 언급할 수 있는가? ④몇몇 서양 나라들이 한편으로는 보편적 가치를 주장하면서, 다른 한편으로는 자국민, 혹은 다른 나라 사람들의 보편적 가치를 존중하지 않을 때도 있는데, 어떻게 그런 서양 국가들을 믿을 수 있는가?

늘 그래왔듯이 UN은 이 차이를 화해시키려 노력했습니다. 1948년 UN 총회는 기본적 권리와 자유가 인간의 존엄에 필수적이며 양도할 수 없고, 이를 존중하는 것은 모든 사람들과 국가들의 책임에 속한다고 하는 세계인권선언을 채택했습니다. 이 가치들은 모든 문화적 차이나 정치적 차이를 뛰어넘는 것으로 여겨지고 있습니다. 9·11테러 다음날, UN 총회는 세계인권선언이 모든 민족과 국가가 나아가야 할 공통의 이상임을 선언하며 '문명국가들 간의 대화'를 위한 세계적 프로그램을 만들었습니다. UN은 이 프로그램의 성격이 실제로 보편적이고 각 지역의 문화, 관습과 타협할 수 없는 것임을 선언했습니다. 그러나 동시에 인류 문화 공통유산의 반열에 오른 문화적 다양성을 보존할 필요가 있음을 표명했습니다.

25

테러리즘을 용서하는 일을 피하려고
테러리즘을 이해하는 일을 금하는 것은
순전히 군사적이고 부분적인 해결책에
불과할 뿐입니다.

테러리즘을 이해하는 것은 그것을 정당화하는 것이다

테러리즘은 정상참작이나 정당화의 여지가 없다. 그러므로 테러리즘을 이해하려 시도하는 건 쓸데없는 일이며, 심지어 위험하기까지 하다. 이해한다는 일은 테러 행위의 범죄자들에게 정상참작의 여지를 주는 것이고 정당화할 수 없는 것을 정당화하려는 목적을 가지고 있으며, 또 테러 행위의 원인을 외부로 돌림으로써 테러리스트들의 책임을 경감해주는 결과를 가져온다.

하나의 현상을 이해한다는 것이 그것을 인정한다는 뜻은 아니며, 현상을 설명한다는 것이 그것을 정당화하는 일은 아닙니다. 반대로 테러리즘과 효율적으로 싸우기 위해 테러리즘의 메커니즘을 분석하고 테러리즘의 자양분을 없애기 위해 그 원인을 분석해야 한다고 생각할 수 있습니다. 예를 들어 암의 메커니즘을 이해하려 하는 것은 암을 받아들이는 것이 아니라, 반대로 이 재앙 같은 질병과 싸우기 위한 가장 효과적인 방법을 찾는 것입니다. 테러리즘, 그리고 테러리즘의 원인에 대해서도 마찬가지로 엄격해야 합니다. 근본원인이 아닌, 결과만을 공격한다면 테러리즘에 대한 효과적인 싸움은 불가능할 것입니다. 테러리즘을 용서하는 일을 피하려고 테러리즘을 이해하는 일을 금하는 것은 순전히 군사적이고 부분적인 해결책에 불과할 뿐입니다.

만약 몇몇 인종집단 혹은 종교집단이 테러리스트의 폭력에 본래 헌신하는 자들이고, 이러한 방법을 이용하는 것이 어쩔 수 없는 특정한 역사적 상황 때문이 아니라면, 그들에 대한 엄격한 군사적 대응은 정당하고 효과적인 것입니다. 그러나 지난 역사와 현재의 상황을 보면, 테러리즘이 특정 정치 환경에서 발생했다는 것과, 군사적 행위가 테러라는 특유의 폭력에 적절한 해결책이 되었던 적이 없었다는 것을 알 수 있습니다. 이에 대해 이라크 전쟁이 적절한 예가 됩니다. '이라크 자유' 작전은 부시 행정부가 국제 테러리즘을 후원하고 평화를 위험에 빠뜨린다고 비난하던 사담 후세인 체제를 전복하는 것이 공식 목표였습니다. 그러나 결과는 그 반대였습니다. 이라크 내의 테러 공격이 증가했고, 그 이후 궁극적으로는 세계 도처로 뻗어 나갈 수 있는 국제 테러리스트 그룹들이 이라크에 모여들었습니다. 더구나 미국 정보기관들은 이라크 분쟁이 미국에 대한 깊은 원한을 키웠다는 것을 2006년 9월에 인정했습니다.

따라서 테러리즘의 원인에 대해 고민할 필요가 없다고 주장하는 이들은 필연적으로 끝없는 싸움으로 내몰릴 뿐입니다. 테러리스트들을 군사적으로 공격하는 것은 테러리스트들이 자라는 데 양분을 공급하는 것이고, 두 공격 진영 사이에 갇힌 민간인의 일부를 잃는 일입니다. 그러므로 자기들도 중요하다고 생각하는 위협의 원인에 대해 고민하지 말라고 하는 이들의 동기가 무엇인지 의심해볼 수 있습니다.

26

무차별적으로 민간인을 공격하는 자살
공격이나 맹목적 공격은 도덕적으로 변호할
수 없는 일입니다. 왜냐하면 이러한 공격은
죄 없는 이들을 대상으로 하기 때문입니다.

테러리스트라 불리는
이들은
레지스탕스다

테러리즘이라고 단정짓는 것은 싸우는 상대방을 정치적으로 격하시키려는 목적을 띠고 있다. 테러리스트라 불리는 이들이 사용하는 것은 단지 약자들의 무기이며, 이들은 지배자들에 대항하여 자신을 방어할 뿐이다.

이스라엘과 팔레스타인의 갈등에 관하여 자주 듣게 되는 이러한 추론은 나치와 비시 정부(1940년 6월에 프랑스가 독일에 항복한 후, 비시에 세운 친독親獨 정권. 페탱을 수반으로 하는 반동적인 파시스트 독재 정부 — 옮긴이)가 프랑스 레지스탕스(권력이나 침략자에 대한 저항이나 저항 운동. 특히 2차 세계대전 중 프랑스에서 있었던 지하 저항 운동을 가리킨다. — 옮긴이)를 테러리스트라 칭했던, 독일의 프랑스 점령 당시의 상황을 떠올리게 합니다. 그러므로 '테러리즘'과 '레지스탕스'라는 호칭은 테러 행위에 대한 입장에 따라 결정되는 경향이 있습니다.

국제사회는 '테러리즘'의 정의에 대해 결코 의견 일치를 볼 수 없습니다. 더구나 UN은 테러의 정의에 관해 146개의 조사목록을 만든 적이 있습니다. 그러나 실제 일어난 사실에 근거하여 테러리즘을 정의하고 그 정의를 이루는 요소들에 대해 합의하는 일은 가능합니다. 테러리즘이란 정치적 폭력 행위일 것입니다. 그것은 범죄 동기에 의해 결정되는 것이 아닙니다. 단순한 프로파간다(정치적 선전)나 이데올로기적 논쟁이 아니라 폭력의 힘을 빌리는 것이며, 적의 군대를 특정 목표로 겨누는 것이 아니라 무차별적으로 민간인을 노려서 정치적 결과를 얻어내는 것입니다. 프랑스 레지스탕스는 민간인이 아닌 군사 목표나 전략적 목표를 공격했습니다. 이스라엘 군인들을 공격한다는 팔레스타인인들을 레지스탕스로 규정할 수도 있습니다. 그러나 민간인들로 가득한 버스에서 자폭할 때 그들은 테러리스트입니다. 탈식민지화 시기에 UN은 독립을 얻기 위해 무력에 호소하는 것을 인정했습니다. 그러나 그것은 식민 지배자들의 군대에 대항한 행위에 관한 것이었습니다. 테러리즘의 정의에 대한 의견이 지속적으로 모이지 않는 부분은 희생자들에 대한 것이 아니라, 그러한 행위를 일으키는 주체가 누구인가에 관한 것입니다. 대부분의 서양인들에게 테러리즘이란 국가 내부 집단의 행동에 한정됩니다. 하지만 수많은 비서양인들은 서양 국가들도 테러를 한다고 비난할 수 있습니다. 그들이 보기에 서양 폭격기의 무차별 폭격은 국가의 테러행위입니다. 왜냐하면 그로 인한 희생자는 죄 없는 민간인이기 때문입니다.

무차별적으로 민간인을 공격하는 자살 공격이나 맹목적 공격은 도덕적으로 변호할 수 없는 일입니다. 왜냐하면 이러한 공격은 죄 없는 이들을 대상으로 하기 때문입니다. 또한 정치적으로도 변호를 받을 수 없습니다. 그 이유는 정치적 해결책을 지지하는 상대편 진영 사람들의 입장을 약화시켜 무력정치를 옹호하는 이들에게 유리한 결과를 가져오게 하기 때문입니다. 여기에는 공격과 탄압이 서로 양분을 주는 악순환의 논리가 자리 잡고 있습니다.

최근에는 테러리즘이 그것을 신봉하는 사람들이 주장하는 목적에 부합하지 못하고 있습니다. 팔레스타인인들의 자살 테러로 인해 이스라엘의 평화주의 진영이 약화되어 팔레스타인 국가 설립 전망이 어두워졌습니다. 2001년 9월 11일의 테러 공격으로 오사마 빈라덴과 알카에다가 주장하던 것과는 반대로, 미국이 약해지기는커녕 중동 지역에 미군이 주둔하게 되었고, 미국과 사우디의 관계는 오히려 강화되었습니다.

따라서 테러리즘은 힘의 관계를 뒤집어서 테러리스트들이 수호하는 대의명분에 유리하게 작용하기보다, 오히려 대의명분에 불리하게 불평등을 심화시킬 수 있습니다. 왜냐하면 테러와의 전쟁이 지배적 열강들의 군사력 강화를 정당화시켜주기 때문입니다. 이와 반대로 반테러리스트들의 무력 대응이 지속될 경우, 이로 인해 다시 상대편이 강력해지고 일부 주민들이 지배자들에 대한 테러에 호소하는 것이 정당화될 수도 있습니다. 악순환되는 폭력은 다른 곳에서와 마찬가지로 중동에서도 서로가 받아들일 수 있는 해결책을 찾는 데 전혀 도움이 되지 않습니다.

27

미국 정부는 고문이라는 용어를 인정하지
않습니다. 테러와의 전쟁이라는 상황에서
고문을 사용하는 일은 논란의 대상이 되며
딜레마에 이르게 합니다.

테러와 싸울 때는
법을 어길 수도 있다

민주주의와 테러리즘 간의 싸움은 종종 본질적으로 불평등한 것으로 보인다. 테러리스트는 법과 도덕의 제한을 받지 않는다. 반면에 민주주의 국가들은 법규를 엄격하게 준수함으로써 효율성이 제한되고 대응 속도 역시 늦어지기 때문에 테러리스트들과의 싸움에서 족쇄에 묶이게 된다. 테러와의 싸움에서 법은 장애물이 된다. 그때부터는 목적이 수단을 정당화하기 때문에, 테러리즘에 대항하여 민주주의 국가를 더욱 안전하게 보호하고 장기적으로 민주주의 국가의 영속성을 확실히 하기 위해 몇몇 법규를 부분적으로 면제받는 일이 필요할 때도 있다.

테러리스트의 위협에 직면한 모든 권력은 '민주주의 보호'라는 근본적인 목적을 이유로 다소간 예외적인 조치를 취합니다. 그렇게 2001년 9·11테러 다음날, 미국 의회는 애국자법을 채택했습니다. 이 법은 '테러와의 전쟁'이라는 명분으로 사생활 보호와 무죄추정의 원칙 같은 일부 시민권을 제한하는 특별법의 지위를 갖게 되었습니다. 처음에는 안전을 염려하는 사람들이 제한적 조치를 지지했기 때문에 종종 원칙보다는 시민의 자유를 얼마나 침해하는가가 논란이 되었습니다.

마찬가지로 국제법 준수도 문제가 됩니다. 여러 나라들이 국제법을 철저하게 지키지 않는 것처럼 보이고 국제법은 그 목적상 테러와 싸우려는 민주주의 국가들의 자유를 제한하게 될 수도 있기에, 여론은 국제법 회피를 쉽게 받아들입니다. 2001년 9월 11일 공격 이후에 부시 행정부가 내세운 논거는 테러리스트들이 전쟁법을 준수하지 않기에 그들을 전쟁법의 원칙에 따라 취급해서는 안 된다는 것이었습니다. 그때부터 미국은 1949년 이래 전쟁 포로들의 처우를 정해온 제네바협정을 멀리하고, '불법 전투원unlawful combatant' '적 전투원enemy combatant'과 같이, 국제법이나 미국 법의 기준에서 벗어나는 새로운 분류를 만들어냈습니다. 미국은 또 관타나모 수용소를 본떠서, 전통적 절차가 적용되지 않는 특별 수용소를 만들거나 기존 감옥들을 전환하였습니다. 실제로 인권단체들의 고발에 따르면 미국 정부는 정보를 얻으려는 목적으로 재소자들을 비인간적으로 대할 뿐 아니라, 이라크 아부그라이브 수용소, 아프가니스탄 바그람 수용소에서처럼 고문을 하고 있다고 합니다.

미국 정부는 고문이라는 용어를 인정하지 않습니다. 테러와의 전쟁이라는 상황에서 고문을 사용하는 일은 논란의 대상이 되며 딜레마에 이르게 합니다. 즉, 도덕적으로 고문을 단죄하기는 하지만 고문을 사용해서 얻은 정보로 테러 공격을 막고 수많은 인명을 구한다면, 더 바람직한 것일 수 있다는 것입니다. 그러나 현실에서 이러한 논거들을 세심히 살펴보면 근거가 없다는 것을 알 수 있습니다. 실용적 관점에서 볼 때, 대부분의 전문가들은 고문을 받게 되면 사람들이 그 정보의 정확성 유무에 상관없이 아무 정보나 주게 된다고 말합니다. 또한 가치의 관점에서, 공공 자유에 대한 제약과 개인들에게 끼치는 손해는 민주주의의 패배이고 테러리스트의 승리입니다. 자유의 제한과 개인들에게 끼치는 손해는 민주주의의 적들이 민주주의 국가들의 일관성 부재를 지적하며 민주주의에 원칙이 없다고 비난하는 것을 가능하게 합니다. 이로 인해 민주주의 국가들은 덜 합법적이며 덜 매력적인 나라가 되는 것입니다. 미국은 테러리즘과의 전쟁을 위해 하루빨리 민주주의 가치의 본보기와 일관성을 갖고서 관타나모 수용소를 폐쇄하고 고문을 포기해야 합니다.

28

한 종교는 테러리즘의 운명을 타고났고 다른 종교들은 그렇지 않다는 것을 어떻게 설명할 수 있을까요?

테러의 원인은
종교에 있다

테러리즘은 종교적 광신으로 설명된다. 종교적 광신은 다른 이에 대한 증오를 유발하는 맹목주의에 이르게 한다. 팔레스타인 사람들이 저지르는 자살 공격이나 알카에다의 공격은 테러리즘이 종교적 본질, 특히 이슬람적인 본질을 가지고 있다는 생각에 신빙성을 더한다. 이슬람은 그 본질 자체에 의해 테러리스트로 빗나갈 여지가 많은 것 같다.

이러한 시각은 역사뿐만 아니라 현대의 전략적 현실에도 부합하지 않습니다. 그러나 중세로 거슬러 올라가면 중동 지방에 유명한 암살자 종교 집단이 존재했다는 것을 알 수 있습니다. 이슬람교 시아파의 한 분파인 이스마엘파派로, 이 종파의 신자들은 권력을 부당하게 행사했다고 여겨지는 이슬람 신자인 수니파 지도자들과, 중동의 일부 지역을 점령하고 있던 기독교도 십자군을 암살하곤 했습니다. 이것은 본질적으로 권력과 영토에 대한 싸움의 테두리에서 벌어지는 정치적 암살이었습니다.

　19세기 유럽에서는 니힐리스트(허무주의자)들이나 무정부주의자들이 권력자들을 향해 테러 공격을 감행했습니다. 1881년 러시아 황제 알렉산더 2세 암살, 1894년 프랑스 공화국 사디 카르노 대통령 암살, 1898년 오스트리아-헝가리 제국의 황녀 '시시' 암살 등이 그 예입니다. 20세기 중동에서 자신들이 내세우는 대의명분의 가치를 드러내기 위해 처음으로 테러 공격을 시도한 이들은 국제연맹의 위임으로 팔레스타인을 점령하고 있던 영국인들과 싸우던 시온주의 투사들이었습니다.

1970년대에서 80년대까지 유럽을 강타했던 서독의 무장단체 RAF, 프랑스의 무장단체 Action Direct, 이탈리아의 Red Brigades (붉은 여단) 등, 극좌파의 테러활동을 언급하지 않더라도, 스페인 바스크에서 아일랜드까지, 1995년 오클라호마 시 연방정부 건물에 테러를 가한 미국의 극보수 민족주의자들로부터 스리랑카의 타밀엘람해방호랑이LTTE에 이르기까지, 무슬림과 관련 없는 테러 단체는 많습니다. 테러리즘은 정치적 행위이고, 물론 정치적 힘을 행사하는 종교 투쟁의 정치적 개념입니다.

종교를 발본색원하는 것이 가능하다고 생각하는 경우가 아니라면, 테러리즘을 종교적인 차원으로 한정시킬 경우 테러리즘 문제는 해결할 수 없습니다. 한 종교는 테러리즘의 운명을 타고났고 다른 종교들은 그렇지 않다는 것을 어떻게 설명할 수 있을까요? 만약 어떤 종교가 테러리즘의 운명을 타고났지만 그 종교의 모든 신자들이 테러에 참여하지 않는다면, 그것은 또 어떻게 설명할까요? 대부분의 무슬림들은 테러리즘을 비난합니다. 코란의 구절이 바뀌지 않았고 무슬림 종교가 근본적으로 변하지 않았는데, 19세기에 테러리즘이라는 무기를 사용하지 않았던 무슬림들이 현재는 사용하는 것을 어떻게 설명할까요? 테러리즘의 원인은 종교가 아닙니다. 바로 정치적·지정학적인 상황의 변화입니다.

29

우리는 전문가의 전문성이 주관적 요소를
최대한 배제할 수 있을 것이라 기대하지만,
그들 역시 모든 주관성을 막아내지는
못합니다.

전문가들은 사건의
이해를 돕는다

전문가들은 자신의 분야에서 보낸 시간만큼 확실한 지식을 갖고 있다. 비전문가인 기자들과는 달리, 전문가들은 한정된 주제에 대한 전문지식을 갖고 있다. 그들은 자신들의 고유 분야에 관한 지식을 대표하고 객관적인 견해를 제시한다. 그들의 지위는 일반인들에게 신뢰성과 객관성을 보증한다.

국제관계같이 민감하고 중요한 문제들에 대해 객관성과 중립성이 존재할 수 있을까요? 당연히 그럴 수 없습니다! 전문가는 자기 분야에 대한 전문 지식을 가지고 있습니다. 그러나 그것이 객관적이라고 확신할 수는 없습니다. 전문적이라고 해서 중립적인 것도 아닙니다. 아무리 전문가라 하더라도 개개인의 경험이나 출신, 자주 만나는 사람들에게 영향을 받을 수밖에 없습니다. 우리는 전문가에게 지적으로 올바른 관점, 그리고 이성적 추론에 따른 의견을 바랄 뿐입니다.

우리는 전문가의 전문성이 주관적 요소를 최대한 배제할 수 있을 것이라 기대하지만, 그들 역시 모든 주관성을 막아내지는 못합니다. 또한 전문가들이 일반인들에게 깊은 인상을 주거나 자신의 주장에 힘을 더하기 위해, 그럴듯한 직책이나 경력으로 포장하게 되면 문제는 더욱 복잡해집니다.

여기서 우리는 대표적인 정보 조작의 사례들을 떠올려볼 수 있습니다. 일부 전문가들은 자신의 신념이나 경제적 이익을 위해 객관적이고 학술적인 관점을 거짓으로 만들어낸 뒤, 개인이나 국가의 이익이라는 명분을 내세웁니다. 그 대표적 예가 이라크전 발발 직전 일부 전문가들이 이라크에 대량살상무기가 있다고 확언한 일입니다. 이 주장은 거짓이었지만 당시에는 전쟁을 정당화시키는 근거로 이용되었습니다. 거짓 지식인들을 조심해야 합니다. 그들은 여론을 일깨우는 것이 아니라 속이려고 합니다.

30

튀니지의 벤 알리 대통령이나 이집트의
무바라크 대통령은 거의 모든 국영
미디어를 장악했지만 자신의 추락을 막지는
못했습니다.

매스미디어는
여론을 통제한다

대중에게 정보를 제공하는 것은 미디어이다. 미디어는 자기들에게 적합한 정보를 선택할 수 있고 대중의 여론을 이끌어갈 수 있다. 대중매체의 출현, 그중 특히 텔레비전으로 인해 여론을 형성할 수 있는 가능성이 점차 커져왔다.

대중매체, 영어로 매스미디어mass media라고 하는 것은 1대 다수의 커뮤니케이션을 조직하는 것으로 정의됩니다. 그때 전달되는 메시지는 일방적인 것으로 대중과의 상호작용은 일어나지 않습니다. 텔레비전이 전형적인 매스미디어입니다.

사실 권력은 여론을 장악하기 위해 끊임없이 미디어를 통제하려 했습니다. 권력이 미디어를 통제하려고 하면, 미디어 통제 정책이 직접적으로 영향을 끼치든, 편성 부서에 의해 암암리에 반영되든, 뉴스는 순식간에 정치선전의 장이 될 수 있습니다. 가장 최악은 자기검열입니다. 오늘날 많은 나라에서 미디어는 정부의 통제를 받지 않습니다. 그러나 언론매체가 민영화된다고 해서 미디어의 독립 문제가 완전히 해결되는 것은 아닙니다. 그건 어림도 없는 일입니다. 실제로 미디어가 사유화되면 대중을 위한 정보와는 거리가 먼 계획들을 뽑아낼 수도 있습니다. 정당이나 각종 단체에 속해 있는 미디어들은 그들의 여론을 최소한 주저 없이 드러낼 것입니다.

하지만 그렇다고 해서 미디어가 여론을 만들어낼 수 있는 것도 아닙니다. 언론의 자유가 없는 독재국가들에서도 사람들은 공식 미디어가 진실을 말하고 있지 않다는 것을 알고 있습니다. 그래서 아무리 틀림없는 사실일지언정, 읽고 보고 듣는 것을 그대로 믿지 않으려는 경향이 강합니다. 민주국가의 미디어들은 경쟁관계에 있는 다른 매체의 영향을 받습니다. 대중의 상식과 기대에서 너무 벗어난 미디어는 버림받게 될 수도 있습니다. 미디어는 제약을 받을 뿐만 아니라, 자신들이 영향을 미치는 여론의 영향을 받는다고 말할 수 있습니다.

미국의 CNN 방송은 때때로 UN 안전보장이사회의 여섯 번째 상임이사국처럼 보이기도 했습니다. 왜냐하면 UN은 CNN의 카메라가 분쟁을 보여줄 때만 군을 파병했기 때문입니다. 전쟁 중 여론의 싸움은 치열하게 벌어집니다. 그러나 과거에 CNN이 가졌던 국제뉴스에 대한 독점적 지위는 다른 방송들의 출현으로 타격을 입었습니다. '아랍의 CNN'이라 불리는 카타르의 알자지라Al-Jazeera 방송이 그중 큰 비중을 차지하고 있습니다.

2005년에 있었던 EU의 헌법조약에 관한 프랑스 국민투표에서 거의 모든 미디어들이 찬성 쪽을 옹호하는 보도를 했지만, 실제로는 반대표가 압도적이었습니다. 게다가 인터넷을 포함한 새로운 기술들 덕분에 지방분권화된 반대 세력이 형성될 수 있었습니다. 인터넷으로 인해 정보의 출처가 다양해지고, 블로그와 SNS 등이 만들어졌습니다. 이로 인해 정보는 더 이상 일방통행이 아니게 되었습니다. '1대 다多'의 방식이 아닌 '다 대 다'의 방식으로 정보가 흘러가게 되었습니다. 하지만 위조된 정보를 퍼뜨리는 시도나, 전문 분야에 있지 않은 사람들이 전파하는 정보의 질에 대해서는 특별히 조심해야 합니다.

튀니지의 벤 알리 대통령이나 이집트의 무바라크 대통령은 거의 모든 국영 미디어를 장악했지만 자신의 추락을 막지는 못했습니다. 왜냐하면 대중은 더 이상 일방통행식 정보의 포로가 되지 않았기 때문입니다. 미디어는 시장 점유율 하락의 위험을 무릅쓰고 여론과 반대로 갈 수 없습니다. 따라서 미디어와 여론은 서로 영향을 주고받는 변증법적 관계라고 할 수 있습니다.

31

사실 '불량국가'의 기준이 되는 것은
무엇보다도 미국의 대외정책을 반대하는
것이었습니다.

'불량국가'가
존재한다

국제적 수준에서 범죄행위를 하는 국가들이 있습니다. 이 국가들은 자국 내에서 인권을 존중하지 않기 때문에 세계의 평화를 위협합니다.

1980년대에 리비아의 무아마르 카다피 대통령은 미국의 레이건 행정부에 의해 '무법자'로 불렸는데, 이 호칭은 그의 체제가 집단안보와 미국의 이익에 위협을 주기 때문이었습니다. '불량국가'라는 말을 만든 것은 1994년 당시 클린턴 정부 국가안보보좌관이었던 안토니 레이크였습니다. 이 용어는 '외부 세계와의 교류에 만성적 무능력'을 나타내는 국가들, 즉 대량살상무기를 획득하려 시도하고 테러리스트 그룹을 옹호하거나 자국민을 학대하고 미국에 적대적인 국가들을 지칭하는 단어입니다. 이 표현은 빌 클린턴의 두 번째 임기 말에 당시 국무장관이던 매들린 올브라이트에 의해 '관심국가 State of Concern'로 바뀌게 됩니다. 이 국가들은 국제사회의 규칙을 존중하지 않고 위험을 지니고 있기 때문에 제재조치를 받을 수도 있었습니다. 조지 W. 부시는 임기를 시작하자마자 '불량국가'라는 호칭을 되살렸습니다.

비록 '불량국가'의 목록이 형식을 갖추어 만들어진 적은 없지만, 다양한 설명을 통해 대략적으로 알 수 있습니다. 리비아, 쿠바, 북한, 이라크, 이란, 시리아 등이 해당됩니다. 불량국가로 낙인찍히는 비공식적 기준들 중에는 체제의 독재적 성격, 대량살상무기 확산 참여, 국제사회 안보 침해 등이 있습니다. 그러나 '불량국가'라는 개념은 여러 가지 문제를 낳았습니다. 누가 그 기준과 제재조치를 정했을까요? 언뜻 보면 미국만이 유죄를 정할 수 있으며, 상황에 따라 그들의 제재 여부를 정하는 권한을 확보하고 있는 듯 보입니다. 위반의 본질도 그렇게 명확해 보이지는 않습니다. 왜냐하면 모든 독재자들이 명단에 올라와 있는 것은 아니기 때문입니다. 어떤 독재자들은 위에 언급한 국가들보다 자국민을 더 혹독하게 대하고 있지만, 불량국가 명단에는 빠져 있었습니다. 마찬가지로 인도처럼 대량살상무기를 확대하는 파키스탄, 이스라엘도 명단에 없습니다.(실제로 이 국가들은 핵무기 비확산 조약에 서명하지 않았습니다. 따라서 이 조약을 위반한 것은 아닙니다.)

국제안보의 침해에 관해서도 그 기준이 매우 다르게 적용되었습니다. 사실 '불량국가'의 기준이 되는 것은 무엇보다도 미국의 대외정책을 반대하는 것이었습니다. 2002년 1월 조지 W. 부시는 '악의 축Axis of Evil'을 형성하는 세 국가로 이라크, 이란, 북한을 공식적으로 공포했습니다. 2005년 1월, 상원 청문회에서 콘돌리자 라이스 국무장관은 벨라루스, 쿠바, 이란, 미얀마, 북한, 짐바브웨 등 6개국의 이름을 거론하며 '폭정의 전초기지들outpost of tyranny'이라 불렀습니다. 버락 오바마는 이러한 유형의 호칭을 더 이상 사용하지 않았습니다.

32

극단적으로 보면 도덕적 순결주의는 상황을
개선하기보다 더 악화시킬 수도 있습니다.

현실정치는
비도덕적이다

현실정치라는 명분 아래 민주주의 국가들은 종종 독재에 눈을 감거나 도움을 줌으로써, 민주주의가 기초하고 있는 도덕적 원리를 짓밟았습니다.

'현실정치realpolitik'라는 용어는 국제관계에서 이념이나 원리 등을 고려하지 않고 효율성만을 목표로 하는 정치를 지칭합니다. 그러나 현실정치라는 개념은 많은 경우에 애매모호합니다. 왜냐하면 현실주의가 종종 보편적이며 도덕적인 열망을 포기하는 것으로 여겨지기 때문입니다. 리처드 닉슨 전 미국 대통령과 헨리 키신저 전 미국 국무장관이 미국의 '도덕적' 혹은 '도덕주의적' 전통에 반대함으로써 현실정치를 인정한 일은 이 개념의 가치를 떨어뜨리는 데 일조했습니다. 현실정치를 인정한 것은 절대적 냉소주의와 함께 나타났습니다. 베트남 전쟁을 연장했을 때 그러했고, 1973년 칠레에서 있었던 살바도르 아옌데에 대한 쿠데타를 원조했을 때, 그리고 비록 냉전 시기 비도덕적 열강이라 여겨졌지만 소련의 존재를 달게 받아들였을 때가 그렇습니다.(로널드 레이건 대통령은 후에 소련을 '악의 제국'이라 불렀습니다.)

언밀한 의미로 용어를 살펴보면 현실정치는 최선의 경우에는 기존 상황을 받아들이는 것이며, 최악의 경우에는 특정 국가의 이익을 위해 전체의 이익을 희생시키는 것입니다. 현실정치에 대한 좀 더 현대적인 해석은 목표에 다다르기 위한 수단이나 어려움, 그리고 이론적으로 추천되는 정책이 가져올 수도 있는 구체적 결과를 고려하지 않고, 지속적으로 도덕적인 입장을 취하는 태도에 반대되는 개념입니다. 극단적으로 보면 도덕적 순결주의는 상황을 개선하기보다 더 악화시킬 수도 있습니다. 아프리카 수단의 다르푸르 분쟁이 그 예입니다. 전쟁범죄 또는 인류에 대한 범죄에 속하는 민간인 학살과의 싸움이라는 이름으로, 수단 정부에 대한 군사적 개입을 제안한 이들이 있었습니다. 그러나 현장에 있던 모든 NGO들은 이러한 개입이 희생자들에게 가져올 피해에 대해 경고하고 정치적 해법을 우선시하면서 군사적 개입에 반대했습니다. 이러한 상황에서 도덕에 대한 논쟁은 국가와 NGO 사이의 논쟁이 아니라, 실제 현장에 참여하고 있는 NGO들과 대중매체에 자주 노출되는 현실참여 지식인들 사이에서 일어날 수 있다는 것을 볼 수 있었습니다. 진정한 현실정치를 이끄는 것은 역학관계에 대한 현실적 분석에서 출발하여 세계의 상태를 긍정적으로 변화시키는 것을 목표로 하는 일련의 행위들이라고 할 수 있을 것입니다.

33

간섭은 언제나 개입할 재력과 수단을 가지고
있는 북반구 국가들로부터, 대부분의 인도적
재난이 일어나는 남반구 국가들을 향해
행해집니다.

내정간섭은
진보적인 생각이다

내정간섭은 연대의식에 기반한 자비로운 생각이며, 타인의 고통에 대한 관심이고 국제관계에서 정치적 냉소를 거부하는 것이다. 내정간섭은 흔히 정부와 국가에 대한 개인과 국민권리의 승리이자 기본권 훼손을 막기 위한 보장 장치로, 인간의 고통에 대한 관심과 관대함의 증거로 소개된다.

내정간섭에 대한 생각은 끔찍한 기아를 불러온 나이지리아 비아프라 전쟁(1967년부터 1970년까지, 분리 독립을 선언한 비아프라 공화국과 나이지리아 연방 사이에 벌어진 전쟁. 연방 측을 영국과 소련이, 비아프라 측을 프랑스가 지원하여 대규모 전쟁으로 발전하였으나, 1970년 1월에 비아프라의 수도가 함락되어 전쟁은 끝났고 비아프라는 나이지리아 연방으로 복귀했다. ─ 옮긴이) 시기에 생겨났습니다. 정부의 침묵으로 인해, 인도주의적 위급상황이 인도적 개입을 정당화할 수 있다고 주장하는 국경없는의사회 같은 NGO들이 창설되었습니다.

　이러한 관행은 특히 법률가 마리오 베타티와 정치가이자 의사인 베르나르 쿠슈네르에 의해 이론화되었습니다. 1979년 수필가 장 프랑스와 르벨이 만든 용어인 '간섭의 권리'는 범국가적인 권위, 예를 들어 UN 같은 기구가 부여한 위임권의 범위 안에서 하나 혹은 복수의 국가가 다른 국가의 국가적 사치권을 침해할 권리가 있다는 것을 인정하는 것입니다. 간섭의 의무는 어떤 국가가 범국가적 권위의 요구에 따라 타국민을 도와야 한다는 의무입니다.

그런데 간섭권과 간섭의 의무는 논란의 여지가 있는 개념입니다. 자비로운 모습을 하고 있는 이 시각은 북반구 국가들 사이에는 널리 퍼져 있지만 남반구 국가들은 이에 동의하지 않습니다. 남반구에서 간섭이란 강자의 무기이며, 약한 국가의 문제에 개입하려는 수단으로 여겨지기 때문입니다. 북반구 국가들이 남반구 국가들의 내정에 개입하는 것을 정당화하는 간섭은 그것이 행해지는 때부터 의료, 교육, 개발 등 자비로움의 모습으로 치장했던 식민주의를 떠오르게 합니다. 더구나 간섭은 언제나 개입할 재력과 수단을 가지고 있는 북반구 국가들로부터, 대부분의 인도적 재난이 일어나는 남반구 국가들을 향해 행해집니다. 남반구의 어떤 국가가 더 강한 나라의 내정에 개입하겠다고 제안하는 것은 상상할 수 없는 일입니다. 식민주의나 제국주의 열강이 남반구 인민을 간섭하는 것을 막기 위해 남반구 진보주의자들이 오랫동안 투쟁해왔다는 것은 모순입니다. UN헌장은 약소국을 보호하기 위한 불간섭의 원칙 위에 세워졌습니다.

남반구 국가들은 기본권이 훼손되는 정도에 따르는 것이 아니라, 관련 국가와의 적대감의 정도에 따라 간섭의 선택적 적용을 주장하고 있습니다. 문제는 결정권과 선택적 적용 두 측면 모두에 있습니다. 누가 간섭을 결정할 것이며, 어떤 기준에 따라, 어떤 형태로 할 것인지, 왜 어떤 경우에는 간섭을 하고 왜 도덕적으로 비교될 수 있는 어떤 상황에서는 아무것도 하지 않는 것인지, 그리고 상이한 관계에 있는 국가들을 누가 끌어들일지 등 간섭의 선택적 적용 모두 문제가 됩니다. 간섭이 정당하게 되기 위해, 그래서 효과를 얻기 위해서는 폭넓은 기반 위에서 다수의 국가가 참여하여 결정해야만 합니다.

34

2003년에 사담 후세인의 억압적인 체제를
묵인할 수 없다고 판단했던 이들이 바로
20년 전에는 그의 체제와 완벽하게
협력하고 있었던 것입니다.

이라크 전쟁은
이라크에 민주주의를
세우기 위한 것이었다

이라크에는 자유가 없었고 절대적인 독재가 지배하고 있었다. 사담 후세인 체제에 반대하는 자들은 그들이 실제로 그러하든, 그렇다고 혐의를 받든 모두 물리적으로 제거되었다. 고문과 학대는 늘 있는 일이었다. 이라크 사람들은 두려움 가운데 살고 있었다.

사담 후세인이 냉혹한 독재자였으며 미국이 일으킨 전쟁이 그의 체제에 종지부를 찍었다는 것은 부정할 수 없는 사실입니다. 그러나 이라크 전쟁의 목적이 독재정권 몰락에 있었다는 것은 사실이 아닙니다. 무엇보다도 우선 이 전쟁을 일으킨 나라들, 그리고 프랑스를 포함하여 전쟁에 반대한 나라들이 사담 후세인과 가장 우호적인 관계를 맺고 경제교류를 가장 활발히 진행했던 1980년대 말까지 후세인의 탄압은 가장 극심했습니다.

프랑스는 1990년까지 이라크와 군사협력 관계를 맺고 있었습니다. 이란과 이라크가 전쟁 중이던 1983년에는 사담 후세인이 미국 대통령 로널드 레이건이 보낸 도널드 럼스펠드 장군을 두 팔 벌려 맞이했고, 그 사진은 전 세계로 퍼져나갔습니다. 2003년에 사담 후세인의 억압적인 체제를 묵인할 수 없다고 판단했던 이들이 바로 20년 전에는 그의 체제와 완벽하게 협력하고 있었던 것입니다. 다른 독재정권들, 즉 중앙아시아나 북한에서도 그 국민들이 억압적 체제와 장기간의 기아로 극심한 고통을 겪는 건 마찬가지이지만,

이 정권들은 사담 후세인을 전복한 이들의 벼락을 맞지 않고 있습니다.

　미국이 주장한 이라크에서의 민주주의 실현은 이라크 내 대량 살상무기의 존재가 의문시되자 미국이 내세운 명분이었습니다. 그러므로 독재체제의 전복은 전쟁의 진정한 동기라기보다는 다른 이유, 특히 지정학적 이유로 결정한 행동에 대한 합리화였습니다. 미국은 "전쟁은 소용이 없다"고 주장하는 반대편에 맞서기 위해, 독재의 종말이라는 긍정적인 정치적 정당성을 내세움으로써 이라크 전쟁에 대한 반대 여론을 잠재우려 했던 것입니다.

35

일부 러시아인들에게 과거 소련 시절과
그 위대함에 대한 향수가 있다는 것은
확실합니다. 러시아의 민주주의가
현실적으로 뿌리를 내리기에는 아직까지
그 역사가 짧습니다.

러시아는
강권체제로만
통치할 수 있다

러시아에는 어떤 민주주의 체제도 성립될 수 없다. 차르 체제부터 공산주의 시스템까지 오직 강력한 권력만이 수동적이면서 질서를 요구하는 러시아 국민을 지도하는 데 적합하다.

표트르 대제, 카트린 2세, 레닌, 스탈린. 이들은 철권통치를 통해 러시아를 이끌었습니다. 권력이 좀 더 온건해 보였을 때, 즉 더 자유주의적인 차르들이나 고르바초프 같은 이들이 러시아를 이끌었을 때, 소련과 러시아는 대외적으로뿐만 아니라 자국 영토 안에서도 어려움에 처했습니다. 2000년부터 2008년까지 러시아 대통령을 지낸 뒤, 총리 자리에 있다가 2012년에 다시 대통령이 된 블라디미르 푸틴은 국제무대에서 러시아의 권위를 회복시켰습니다. 그것은 국내 정치를 권위주의로 되돌리고 얻은 것입니다. 공공의 자유를 제한했음에도 불구하고, 푸틴은 러시아 대중들 사이에서 대단한 인기를 누리고 있습니다.

이를 통해 우리는 러시아가 본질적으로 민주주의에 적합하지 않다는 결론을 내려야만 할까요? 러시아에서는 강권체제만이 유일하게 내외부적으로 존중받을 수 있는 통치방식일까요?

이러한 상황을 지리적 요소를 통해 설명하기도 합니다. 첫 번째, 러시아는 민주적으로 운영하기에는 너무나 크다는 것입니다. 설명해볼 수 있는 두 번째 요소는 역사적 유산입니다. 러시아는 한 번도 민주주의를 경험해보지 못했습니다. 마지막으로 문화적 요소가 종종 제시됩니다. 흔히 '슬라브 기질'은 강력한 통치를 요구한다고 합니다. 하지만 이 지리적 요소는 구체적 근거가 부족하다는 것이 금방 드러납니다. 왜냐하면 러시아 인구의 대부분은 제한된 공간 안에 살고 있기 때문입니다. 더구나 인도, 미국, 캐나다 같은 다른 대륙 국가들은 거대한 영토에서도 민주주의가 이뤄질 수 있다는 것을 보여줍니다.

일부 러시아인들에게 과거 소련 시절과 그 위대함에 대한 향수가 있다는 것은 확실합니다. 러시아의 민주주의가 현실적으로 뿌리를 내리기에는 아직까지 그 역사가 짧습니다. 또한 그 과정은 러시아 정부의 비민주적 행위에 대한 국제사회의 비난과 지나치게 커진 경제적·사회적 불평등 및 불안을 그 바탕에 깔고 이루어졌습니다. 너무나도 심각한 이런 부정적 측면들이 민주주의에 대한 러시아인들의 무관심을 설명합니다. 그들에게 민주주의의 실현은 공산주의 시절 이루어놓은 업적을 파괴하는 일이었습니다. 민주주의의 토착화는 종종 주요 기반이 되는 중산층의 확대와 함께 오기 마련입니다. 그런데 중산층들은 쫓겨났고, 이제 새롭게 일어나고 있습니다.

러시아가 민주주의에 부적합하다고 결론내리는 것은, 유럽 사회가 민주주의를 향해 나아가던 중에 여러 번 과거로 회귀한 일과 권위주의가 득세했던 몇몇 시기들이 있었던 점, 그리고 유럽에 민주주의 문화가 뿌리를 내리기까지 수십 년, 아니 수 세기가 걸렸다는 사실을 망각하는 일입니다. '인권의 조국'이라는 프랑스도 1789년부터 오늘날까지 수많은 권위주의 시기를 겪었습니다. 그중에는 두 번의 제정 시기와 왕정복고, 그리고 나치에 협력한 비시 정부가 있었습니다. 푸틴이 러시아 대통령으로 회귀한 일은 민주화에 대한 러시아의 무능력을 보여주는 또 다른 신호로 여겨집니다. 그러나 그만큼 시민사회는 성장하고 있으며 점점 더 그 목소리를 내고 있습니다.

36

칠레의 독재자 피노체트 장군은 전쟁에
뛰어든 적이 없습니다. 반대로 민주주의
강대국의 대표인 미국은 자신들의 가치와
국익을 지키기 위해 군사적 모험에
정기적으로 뛰어들었습니다.

민주주의 국가들은
전쟁을 하지 않는다

민주주의 시스템에서 결정권을 가지고 있는 것은 국민이다. 분쟁이 일어나면 가장 먼저 고통을 받게 될 당사자들이기 때문에 국민들은 전쟁을 바라지 않는다. 반대로 독재정권은 자신들의 목소리를 낼 수 없는 자국민을 전쟁으로 쉽게 끌어들일 수 있다.

1990년대 초 베를린 장벽의 붕괴와 소련의 해체 이후, 민주주의 평화 이론은 새로운 활력을 갖게 됩니다. 소련의 위협과 공산주의 집단을 잠재적인 공격자로 간주하는 것이 냉전시대 내내 서구인들의 의식을 지배해왔으며, 그러한 의식은 동구권 사회의 비민주성이 그들의 호전적 성격과 관련이 있다는 생각을 확고하게 했습니다. 반면에 서구 세계는 시민들의 자유를 보장하며 평화적 본질을 가진 것으로 소개되었으며, 이를 통해 민주적 평화 이론을 강화시켜왔습니다.

그러나 반대로 서유럽 국가들은 지난 수세기 동안 끊임없이 싸웠고, 두 차례의 세계대전을 일으킬 만큼 서로 대립했으며, 1945년 이후에야 비로소 유럽에서 평화의 시대를 맞았습니다. 그것은 1957년 유럽경제공동체EEC 설립을 합의한 로마조약 서명과 이후 EU 설립을 통해 더욱 견고해졌으며, EU는 오로지 민주주의 국가에게만 개방되었습니다. 어제의 적이었던 EU 회원국들 사이에 전쟁은 이제 생각할 수 없는 일이 되었습니다. 전 세계의 민주주의 시스템을 발전시키는 일은 전쟁의 위험을 종식시키는 가장 좋은 해결책이 되었습니다. 빌 클린턴 전 미국 대통령은 민주주의와 평화를 대외정책의 중요 축으로 삼았습니다. 그에 따르면, 민주주의를 지지하는 것은 미국의 국익을 위한 일입니다. 왜냐하면 미국에게는 자유주의적 가치들이 더 존중받는 평화적 세계가 이득이 되기 때문입니다.

그러나 이러한 이론은 맹공격을 받게 될 것입니다. 민주주의 시스템이 국민을 위해서는 분명히 더 좋지만, 그렇다고 해서 민주주의가 반드시 평화와 합치되는 것은 아닙니다. 마찬가지로 독재도 전쟁과 반드시 일치하지는 않습니다. 칠레의 독재자 피노체트 장군은 전쟁에 뛰어든 적이 없습니다. 반대로 민주주의 강대국의 대표인 미국은 자신들의 가치와 국익을 지키기 위해 군사적 모험에 정기적으로 뛰어들었습니다. 중동의 유일한 민주주의 국가로 소개되는 이스라엘도 2006년, 민주국가인 레바논에 대한 공격을 포함하여 수차례에 걸쳐 해당 지역에 분쟁을 일으키는 선제조치를 취했습니다. 마찬가지로, 1971년 파키스탄을 공격한 것은 민주주의 국가 인도였습니다. 좀 더 최근에는 인권 보호라는 명분으로 민주주의 국가들이 대규모 전쟁을 포함하여 여러 전쟁에 서슴없이 뛰어들었습니다. 1999년 민주주의 체제 국가들로 이루어진 NATO는 UN의 위임 없이, 그리고 정당방위가 성립되지 않은 상황에서 코소보 주민들을 보호하기 위해 세르비아를 공격했습니다. 탈레반 체제가 미국

땅에서 일어난 9·11테러의 주모자인 오사마 빈 라덴과 알카에다의 훈련캠프를 숨기고 있다는 이유로 미국이 아프가니스탄을 공격하는 것이 정당방위라고 내세울 수 있었을지는 모르지만, 2003년 이라크 전쟁을 정당화하기 위해 UN의 허락을 내세우거나 동일하게 정당방위였다고 주장하는 것은 어려워 보입니다.

37

'아랍의 봄'은 민주주의가 아랍 국가에서
실현 불가능하다는 주장에 대한 신랄한
반증입니다.

이슬람은 민주주의와
양립할 수 없다

어떤 무슬림 국가도 민주주의 국가가 아니다. 반대로 이슬람 국가 대부분은 종교가 시민사회의 모든 숨통을 막고 있는 독재국가이다. 그곳에서 여성의 지위는 언제나 낮은 위치에 있다.

무슬림 국가의 대부분이 민주주의 국가가 아니기는 하나, 이슬람과 민주주의가 양립 불가능하다고 일반화하는 것은 지나친 일이며, 더구나 사실로 확인되지도 않았습니다.

이러한 일반화는 두 가지 잘못된 시각에서 기인합니다. 그중 하나는 무슬림 세계를 아랍 세계와 동일시하는 것입니다. 남아시아와 동남아시아에는 아랍 국가들보다 무슬림이 세 배나 더 많으며, 아랍 국가들은 기독교 공동체와 힌두교 공동체의 모국이기도 합니다. 다른 하나는 이스라엘과 아랍 세계의 갈등을 냉전시대 논리에 따라 '민주주의 국가 이스라엘'과 '독재국가 아랍 국가'들 간의 갈등인 것처럼 생각하는 것입니다.

아랍 세계가 민주화와 인간 개발 측면에서 매우 뒤떨어져 있는 것은 맞습니다. 이러한 사실은 UN개발계획UNDP을 위해 아랍인들이 직접 작성한 보고서들에서도 지적된 것입니다. 그러나 역설적으로, 아직 국가로 인정받고 있지 못한 팔레스타인 사람들은 진정한 정권교체가 가능한 선거를 치른 민주주의 체제를 가지고 있습니다. 하마스는 국제사회에 의해 그 투명성을 확인받은 2006년 1월 국회

의원 선거에서 승리한 바 있는 정치 단체입니다. 그러나 커다란 문제가 남아 있습니다. 하마스는 이스라엘과 서구 국가들에게 테러단체로 간주되고 있으며, 이들은 팔레스타인 정부와 관계를 단절했습니다. 사실 이스라엘과 팔레스타인의 지속적인 갈등, 미국의 이스라엘에 대한 지지, 이라크 전쟁 등과 같은 지정학적 여건으로 인해 급진적이며 반미적인 단체들이 아랍 국가들에서 커다란 인기를 얻고 있습니다.

서구 국가들이 아랍 국가들의 민주화 운동을 언제나 도왔던 것도 아닙니다. 서구 나라들은 민주주의를 희생해서라도 현재 정권을 잡고 있는 체제의 안정성을 더 중시하는 일이 많았습니다. 무슬림 국가들 중에는 이미 민주주의를 정착시키고 있는 나라들도 있습니다. 특히 터키의 경우, 헌법에 의해 군대가 특별한 권한을 부여받고 있기는 하지만, 옛 방식으로 민주주의가 이루어진 경우에 해당합니다. 인도네시아는 세계에서 가장 인구가 많은 무슬림 국가로, 1965년 쿠데타에 의해 세워진 체제가 종식된 후에 실질적인 민주주의 국가가 되었습니다. 말레이시아도 역시 민주화가 진행중입니다. 파키스탄의 무샤라프 대통령 체제는 테러리즘과의 전쟁이라는 명분하에 서구 국가들의 지지를 받았습니다. 서방 각국은 테러와의 전쟁이라는 동일한 명분하에 중앙아시아의 독재체제를 인정하고 있습니다. 여성의 권리에 관해서는, 아랍과 무슬림 국가들이 가장 반

反계몽주의적인 것에서 가장 자유주의적인 것까지, 매우 대조되는 상황에 처해 있습니다. 그러나 서구 사회에서조차 여성해방이 현실화된 것은 그리 오래된 일이 아닙니다. 예를 들어 프랑스 여성들은 1944년이 되어서야 투표권을 얻었으며, 2007년 선출된 하원의원 중 여성의 비율은 20퍼센트 미만이었습니다.

'아랍의 봄'은 민주주의가 아랍 국가에서 실현 불가능하다는 주장에 대한 신랄한 반증입니다. 아랍인들은 다른 민족들과 마찬가지로 민주주의를 원합니다. 아랍의 민주주의 출현을 늦춘 것은 역사적·지정학적 상황이었습니다. 아랍의 독재자들은 공산주의와 이슬람주의에 대한 전쟁이라는 명분하에 서구인들의 지지를 받았습니다.

38

서구 국가들에서도 민주주의가
순식간에 이루어진 것은
아닙니다.

아프리카에서는
민주주의가 아직
불가능하다

불안정한 국가 시스템, 폭력적 대립을 야기할 수도 있는 종족 간 분열, 고질적인 부패, 정치적 혼란, 경제적 낙후 등 아프리카는 민주주의를 누릴 능력이 되지 않는다.

위와 같은 확언은 일시적인 상황과 본질적인 속성을 혼동하는 말입니다. 아프리카가 오늘날 민주주의를 거의 경험하지 못하는 것은 사실이지만, 그렇다고 그것이 아프리카가 민주주의에 대해 모른다는 것을 의미하지는 않습니다. 또한 아프리카가 강권과 독재자에 의해 다스려져야 할 운명이라는 것을 의미하지도 않습니다.

이런 주장은 민주주의의 개방성이 위험할 수도 있다고 추정하면서 기존 체제의 안정성을 더 중시하는 경향입니다. 민주주의로 전환하는 과정에서 때때로 불안한 과도기적 시기가 나타나고는 하지만, 독재를 유지하는 것이 결코 장기적 안정성을 보장하지는 못합니다. 독재정권은 또 다른 독재자에 의해 전복될 수 있기 때문입니다. 더구나 이 주장은 인종차별주의라고까지 말할 수는 없더라도 거만한 냄새를 풍깁니다. 쉽게 말해 발전된 국가의 민족들에게는 적절한 것이 아프리카 사람들에게는 바람직하지 않으며, 아프리카 사람들은 아직 성숙하지 못해 민주주의의 기쁨을 맛볼 수 없다는 의미이기 때문입니다.

아프리카의 민주화 문제는 동유럽이 소련의 후견에서 벗어나

163

고, 이전에는 민주주의를 희망할 수 없었던 유럽 대륙의 일부 지역
에서 민주주의가 퍼져나갔을 때, 새로이 강력하게 제기되었습니다.
그러나 아프리카가 그들과 동일한 역사를 가지고 있는 것은 아닙니
다. 아프리카 나라들의 독립은 최근의 일이며, 대부분 1960년대에
일어났습니다. 식민 지배를 탈피한 신생 국가들은 급속도로 동서경
쟁에 예속되었습니다. 서구인들은 자국에서는 민주주의를 가장 높
은 가치로 여겼지만, 아프리카의 독재체제들이 소련에 반대할 때는
그들과 교섭하는 것을 매우 기꺼이 받아들였습니다.

　1990년대, 아프리카는 규제 완화와 원자재 가격의 폭락, 세계
경제기구들의 재정긴축 요구로 극심한 혼란을 겪었습니다. 이러한
상황이 아프리카를 사회적·정치적으로 불안정하게 만들었습니다.
오늘날 석유, 희귀 금속, 보석 등 아프리카의 수많은 자원들을 차지
하기 위한 싸움은 국가 내부에서뿐 아니라 국가 간에 분쟁을 일으
키고, 게다가 미국, 프랑스, 일본, 브라질 같은 비아프리카 국가들을
끌어들임으로써 상황을 더욱 복잡하게 만들고 있습니다.

　돌이켜 보면 서구 국가들에서도 민주주의가 순식간에 이루어
진 것은 아닙니다. 현재 아프리카의 말리, 가나, 보츠와나, 베냉, 나
미비아 같은 나라들은 기본적 자유를 존중하며, 전적으로 완벽한
민주주의 체제를 유지합니다. 짐바브웨의 독재는 이제 그 생명이
다한 듯합니다. 세네갈의 경우도 2007년 대통령 선거 결과에 대한

야당의 항의가 있기는 했지만 마찬가지입니다. 15개가 넘는 다른 아프리카 국가들도 민주적 정권으로의 이양을 빠르게 진행했습니다. 남아프리카공화국은 20년도 안 되는 기간에 아파르트헤이트라는 매우 극단적인 인종차별적 체제에서 민주주의 체제로 정권을 이양함으로써, 인종 간 정치적 화해의 모델을 이루었습니다.

1982년 모리셔스의 평화적 정권교체를 제외하면, 1960년에서 1991년까지 어떤 국가나 정부 수반도 자신의 임기가 평화적으로 끝나는 것을 보지 못했습니다. 그러나 그 이후로 30여 개 정부가 선거를 통해 교체되었습니다.

39

민주주의는 유럽과 미국의 예에서 알 수
있듯이 천천히 진행되는 동시에 내부적인
과정입니다. 지금까지 민주주의가
즉각적으로 이루어진 적은 단 한 번도
없습니다.

민주주의는
수출될 수 있다

독재체제 앞에서 국민은 아무런 힘이 없다. 따라서 그들의 힘으로는 민주주의를 실현할 수 없으며, 그들이 독재를 없애고 억압체제를 끝내는 것을 돕기 위해 외부의 개입이 필요할 수 있다. 이는 공공의 자유를 회복하기 위한 것이다.

이러한 추론을 극단까지 밀고 간 미국의 네오콘은 특히 민주주의를 세워야 한다는 명분으로 이라크 전쟁을 정당화했습니다. 그러나 지난 역사를 보면 전쟁이나 전쟁의 위협이 왔을 때 국민들이 민족주의적으로 반응하여, 정부가 어떤 비판을 받았든지 간에 언제나 자국 정부를 중심으로 뭉쳤다는 것을 알 수 있습니다.

예를 들어 1980년대 이란을 상대로 이라크가 벌인 전쟁은 억압적인 호메이니 체제에 많은 공헌을 했습니다. 위험에 처했음을 느끼는 체제는 언제나 자기의 적법성을 회복하기 위해 외부의 위협을 이용하고는 합니다. 더구나 이라크나 아프가니스탄의 예들이 보여주듯이 해방을 이끈 사람은 처음에 환영받지만 곧 점령자의 모습을 보이고, 그 결과 국민들로부터 거부당하게 됩니다. 새로운 체제에 참여하는 지역의 인물들은 빠르게 민족의 배신자로 간주됩니다. 외부 세력에 의해 세워진 정치 시스템은 비록 더 자유롭고 더 민주적이라 할지라도 적법해 보이지는 않습니다.

민주주의는 유럽과 미국의 예에서 알 수 있듯이 천천히 진행되는 동시에 내부적인 과정입니다. 지금까지 민주주의가 즉각적으로 이루어진 적은 단 한 번도 없습니다. 1789년 이래, 공화국과 민주주의 체제, 왕정·제정·권위적 체제 사이를 왔다 갔다 했던 프랑스의 경험은 이 점에서 아주 확실한 예가 됩니다. 어떠한 민주주의도 외부의 개입에 의해 세워지지 않았습니다. 더구나 전쟁이 세운 것은 더더욱 아닙니다. 자주 인용되는 독일과 일본의 사례는 적합하지 못합니다. 1933년부터 히틀러에 의해 무너진 독일의 민주주의는 2차 세계대전의 종식으로 인해 회복되었습니다. 일본은 2차 세계대전의 종전, 제정의 유지, 원폭 사건이 얽혀 있는 매우 특이한 경우에 해당합니다.

국가, NGO, 여론기관, 국제기관, 기업 등 외부 세계는 시민사회와의 접촉, 저항 세력에 대한 원조, 망명자 수용, 민주화 과정을 걷고 있는 국가들을 위한 각종 지원 등을 통해 조력자의 역할을 할 수 있습니다. 항구적으로 자리를 잡는 민주주의는 사회의 내부운동의 결과로 만들어지는 것입니다.

40

오늘날 프랑스뿐 아니라 다른 어떤 나라도
홀로 국제적인 문제를 해결하지 못합니다.
그러나 프랑스는 아직도 국제적으로 중요한
나라입니다.

프랑스는
더 이상 국제적으로
중요하지 않다

프랑스는 지나간 영광의 향수 속에 산다. 프랑스는 지속적으로 쇠락하고 있고, 세계적 규모의 큰 도전들을 해결할 수 없음에도 불구하고 여전히 국제적으로 자국이 중요한 위치를 차지하고 있다는 환상 속에 있다.

프랑스가 쇠퇴했다는 견해는 현재의 국력을 평가하는 데서 기인하는 오류와 적절치 못한 역사적 비교에서 나온 것입니다. 프랑스가 루이 14세나 나폴레옹 시대의 위상을 더 이상 갖고 있지 못하다는 것은 맞는 말입니다. 그러나 여전히 프랑스의 위상을 이야기하려면 시대를 선택해야 할 것입니다. 나폴레옹이 승전을 거둔 아우스터리츠인지 아니면 패전한 워털루인지, 절대왕권 체제의 태양왕 치세인지 아니면 혼돈스러운 체제의 마지막 시대인지 하는 것입니다.

그렇습니다. 세계를 지배하던 유럽에서 프랑스가 최강대국이던 시절은 지나갔습니다. 그리고 역사의 다른 시기들에는 프로이센-프랑스 전쟁에서의 패배, 1차 세계대전의 출혈, 비시 정부, 베트남에서의 패퇴 같은 사건들이 있었습니다. 그러나 이러한 시절들과 비교하면, 지금의 프랑스가 건재하다고 내세울 만한 확실한 증거들은 여전히 많습니다.

국력 평가에서 빠지기 쉬운 오류는 힘의 개념에 관한 것입니다. 이제 더 이상 국력은 다른 나라의 행동을 강제하거나, 어떤 결정을 강요하는 능력으로 정의되지 않습니다. 만약에 국력이 그런 것이라면, 최강대국인 미국조차도 그 기준을 만족시킨다고 볼 수 없을 것입니다. 만약에 국력에 따라 유형을 분류해본다면, 월등히 앞서 있는 미국을 따르는 6~10개 정도의 국가들을 세계적 강대국이라 부를 수 있을 것입니다. 왜냐하면 이 나라들 정도가 범위가 넓은, 즉 보편적인 세계 문제들에 대해 의견을 피력할 수 있기 때문입니다. 이러한 강대국들은 어떤 문제에 관해 독단적으로 결정을 내릴 수는 없지만 이들의 행동은 결정에 큰 영향을 끼칩니다. 프랑스는 이 그룹에 속해 있습니다.

객관적인 이유들을 들어보면, 프랑스는 GDP에 있어 세계 5위이고 UN 상임이사국이며 EU의 설립국 중 하나입니다. 또한 G8과 G20, WTO에 속해 있으며 핵무기를 소유하고 있고 유럽에서부터 오세아니아를 거쳐 카리브 지역에 이르는 영토를 갖고 있습니다. 만약에 프랑스가 국제무대에서 무엇을 할 수 있을지 특별히 관심을 기울여본다면, 프랑스는 보편적 가치를 전달하는 것처럼 보일 것입니다. 물론 프랑스의 특수성을 인정하는 것은 종종 불편할 수 있습니다. 그러나 프랑스의 특수성은 종종 자국의 이익을 넘어서는 대의명분을 지지하는 나라의 입장에서 나오는 특수성으로 이해됩니다.

오늘날 프랑스뿐 아니라 다른 어떤 나라도 홀로 국제적인 문제를 해결하지 못합니다. 그러나 프랑스는 아직도 국제적으로 중요한 나라입니다. 적어도 세상은 그렇게 생각하고 있고, 그것을 한탄하거나 반기고 있습니다. 프랑스는 여전히 전 지구적 입장에서 생각할 수 있는 능력이 있다고 외부로부터 인정받고 있습니다. 물론 다른 강대국들의 부상이 상대적으로 프랑스의 쇠퇴를 야기하는 것은 당연합니다. 프랑스가 과거의 영화에 빠진 거만한 태도를 버리고 여러 국가와 협력하여 행동한다면, 그만큼 자신의 메시지를 잘 전달할 수 있을 것입니다. 프랑스의 지도자들은 프랑스가 더 이상 아무런 비중이 없으니 독립적으로 행동하려는 의지를 포기해야 한다는 '자기 비방'과 프랑스가 전 세계를 인도할 수 있다는 '자화자찬'의 이중 함정을 피해야 합니다.

41

아랍 국가들에게 민주주의의 결여는 분명히
공통으로 나타나는 현상이지만, 각 나라의
구조나 상황은 제각각이었습니다.

아랍의 혁명은
도미노 효과를 불러왔다

1987년부터 튀니지의 대통령이었던 벤 알리는 정권퇴진운동의 결과로 2011년 1월 14일 권좌에서 물러났다. 같은 해 2월 11일 이집트에서는 국민의 퇴진 시위와 압력으로 호스니 무바라크 대통령이 정권에서 물러났다. 두 경우 모두 군대는 무력으로 시위를 진압하지 않는 쪽을 택했다. 영원히 파면되지 않고 가족 세습 혹은 왕조의 계승이 계속될 것으로 보였던 이 두 체제가 급속하게 몰락하자 전 세계가 놀랐다.

이들은 실제로 엄격히 정보를 통제했으며 표현의 자유를 거의 허용하지 않았습니다. 이들은 또한 서방 국가들로부터 정치적 지원과 경제적 지원의 혜택을 누리는 동시에 다른 열강들과 우호적인 관계를 유지하고 있었습니다. 더구나 아랍 국가들은 민주주의에 적합하지 않다는 확신이 강하게 뿌리내려져 있는 상황이었습니다. 세계 각국은 이슬람주의와의 싸움이라는 이름 아래, 아랍 국가들의 체제에 내재된 억압적 성격을 그대로 받아들이고 있었습니다.

그러나 튀니지와 이집트의 사례는 수많은 아랍 국가들에게 점진적으로 번져나갔고, 민주주의 실시와 자유의 확대를 요구하는 시위를 촉발시켰습니다. 그때 사람들은 헌 권력들을 모두 전복시키는 도미노 현상을 생각하기 시작했습니다. '벤 알리의 몰락이 무바라크의 몰락으로 이어졌다면, 다른 아랍 세계의 모든 독재국가들을 휩쓸어버릴 대대적 흐름이 일어나지 않겠는가.' 어떤 이들은 꿈적도 하지 않을 것처럼 보였던 동유럽의 인민민주주의 체제가 6개월 만에 차례차례 전복되었던 1989년 여름을 다시 맛보게 될 것이라고 생각했습니다.

이러한 기대는 금방 한계를 드러냈습니다. 국가적 차이점을 넘어, 1989년 당시 동유럽 국가들 전체는 하나의 공동 유대감에 의해 유지되고 있었습니다. 그것은 민중의 거부에도 불구하고 각 나라의 공산주의 정부를 유지하도록 만드는, 소련의 군사적 개입이라는 위협 요소였습니다. 그런데 고르바초프 소련 공산당 서기장이 동유럽에 대한 소련의 무력 지배를 더 이상 유지하지 않겠다고 결정한 순간부터, 동유럽이라는 조직은 무너지고 각 나라들은 진정한 독립을 회복할 수 있었습니다.

아랍 국가들에게 민주주의의 결여는 분명히 공통으로 나타나는 현상이지만, 각 나라의 구조나 상황은 제각각이었습니다. 민주주의가 지연되는 양상 또한 국가마다 매우 달랐습니다. 예를 들어 2011년 모로코 왕은 양보조치를 취함으로써 민주주의에 대한 요구를 선제적으로 수용했습니다. 알제리는 1990년대 내전의 공포를 또렷하게 기억하고 있습니다. 리비아에서 체제 전복은 NATO의 지원을 받은 내전의 결과로 이루어졌습니다. 시리아에서는 바샤르 알아사드 대통령에 의한 대규모 탄압이 있었고, 이에 대한 국제적 대응은 더디게 나타났습니다. 서구 국가들은 시아파의 위협에 대한 두려움 때문에 바레인 정부의 강압정책을 지지했으며, 카타르와 아랍 에미리트 국민들에게 정부는 항의의 대상이 아니었습니다. 예멘에서는 알카에다의 그림자가 상황을 변화시키고 있습니다.

요약하자면 아랍 국가들을 동요시키는 움직임들이 있지만, 모든 체제가 차례대로 쓰러지지는 않을 것입니다. 반대로 독재체제들에 항거하여 국민들이 적극적으로 목소리를 내는 현상이 세계적으로 나타나고 있습니다. 이러한 움직임이 아랍 국가들에만 한정되어 있지는 않습니다. 그 강도는 각국의 문맹퇴치 정도와 경제적 발전 수준, 그리고 그 나라의 역사에 따라 다릅니다.

42

이란의 호메이니가 이란에 권위주의
체제를 세울 수 있었던 것은 넓게 보면
이라크가 1980년 가을 이란에 선언한 전쟁
때문이었습니다.

무슬림 국가에서
최초의 자유선거는
이슬람 독재로
이어진다

매우 오랫동안 서구 정부들은 전략적으로 관계를 맺고 있던 몇몇 아랍 국가들의 억압적 체제에 대해 깊이 고민하지 않았다. 이라크 전쟁이 독재자의 전복과 민주주의 성립의 필요성이라는 이름으로 수행되기는 했지만, 서구인들이 언제나 아랍의 독재에 대해 강경함을 보였던 것은 아니다. 서구 국가들은 자신들의 핵심 파트너이자 이스라엘과 평화협정을 체결한 두 아랍 국가 중 하나인 이집트의 억압과 부패에 대해서는 눈을 감아왔다.

튀니지는 안정적으로 보였으며, 벤 알리 체제는 '이슬람주의자들의 위협'에 대한 방어벽으로 보였습니다. 일부 전문가들은 외부 세계는 물론 문제가 되는 나라의 국민들에게도, 이슬람주의자들이 권좌에 오르게 되면 민주주의의 결여보다 더 큰 위험이 올 것이라는 생각을 이론화하기도 했습니다.

각자의 머릿속에는 1979년 이란의 예가 있었습니다. 아야톨라 호메이니가 이끈 민중혁명은 재빠르게 종교독재로 탈바꿈하면서, 애초에 혁명에 희망을 걸었던 이들을 배신했습니다. 이란의 억압 체제는 다른 억압 체제로 바뀌었고, 그로 인해 서구인들은 동맹국을 상실하게 되었습니다.

알제리에서는 1차 선거에서 이슬람주의자들이 승리한 후에 군대에 의해 자유선거가 중단되었고, 모든 것은 끔찍한 내전으로 귀결됐습니다.

이렇게 아랍 혁명의 출발부터 줄곧 '이슬람주의자들은 위험하다'는 위협이 제기되었습니다. 그럼에도 불구하고 이러한 두려움은 여러 가지 판단 실수에 근거하고 있습니다. 한편으로 억압적 체제는 이슬람주의의 위협과 맞서기는커녕 오히려 그 자양분이 되고 있습니다. 여러 아랍 독재국가에서 정치사회적 보수화·부패·정치적 대안 부재 등으로 인기가 없어진 체제들에 대항하는 이슬람주의 운동이 점차 인기를 끌게 되었습니다.

더구나 아랍권 국민들이 다른 나라들이 원하는 지도자들을 선택하는 것만이 민주주의를 이루는 일이라고 생각하는 것은 모순이 아닐까요? 이는 2006년 1월 선거에서 하마스 권력이 등장한 후, 서구 국가들이 하마스를 테러 조직으로 간주하며 새로운 정부와의 모든 접촉을 거부했을 때 이미 명백해졌습니다. 이란의 호메이니가 이란에 권위주의 체제를 세울 수 있었던 것은 넓게 보면 이라크가 1980년 가을 이란에 선언한 전쟁 때문이었습니다. 전쟁 중인 나라에서는 자유를 제약하는 일이 언제나 쉽고, 정부에 항의하는 반대 세력들을 틀어막는 것은 더 쉬운 일이 됩니다. 외부의 위협이 있는 경우, 국민들은 자연스럽게 지도자 주변에 다시 모입니다. 프랑스 대혁명 자체도 조국이 위험에 처했다고 선언되었을 때, 공포정치로 흘러갔습니다.

알제리의 경우 군대가 쿠데타를 일으킨 것은 아니지만, 군사

쿠데타가 있었다고 해도 외부의 위험이 없었기 때문에 이슬람해방전선FIS이 시민사회의 저항에 맞서 이슬람 독재국가를 세우는 것은 거의 불가능했을 것입니다.

이슬람주의 정당들이 국민의 호응을 얻기 위해 공공의 자유를 침해하지 않겠다고 약속하는 선전에 속아서는 안 되지만, 그럼에도 불구하고 군대를 이용하여 이 정당들을 물리치는 것보다는 투표를 통해 맞서거나 통합시키는 일이 더 쉬운 일입니다.

43

카다피 체제가 불안하고 위험했지만, 그는
무엇보다 군사적으로 약했고 정치적으로
고립되어 있었습니다.

리비아 내전은
현실정치의 끝을
보여준다

서구 나라들은 그들의 경제적·전략적 이익 때문에 수많은 아랍 국가들의 억압적 체제에 눈을 감아왔지만, 2011년 리비아 내전은 변화된 양상을 보였다. 카디피가 자신에 반대하여 시위를 하던 벵가지 주민들을 학살하겠다고 위협하자 프랑스와 영국의 추동을 받은 서구 나라들은 군사적으로 개입했다. 그들은 정부에 항거하는 인민들 편에 서기로 선택했던 것이다.

리비아의 경우는 '전례'라기보다는 하나의 예외에 속합니다. 1973년 가자에서의 이스라엘 철수를 촉구한 UN 결의안 338호가 채택된 것은 러시아와 중국이 안보리에 불참한 덕분이었습니다. UN은 이 결의안에 따라 카디피의 벵가지 학살을 막기 위해 '보호책임' 개념을 적용하기로 했습니다. 그러나 곧 이 원칙에서 벗어나 결국 반란군을 지원하는 일종의 연합전쟁을 일으키게 됩니다. 카다피 체제는 여러 번 도발을 반복하며 아랍 국가들로부터 완전히 고립된 것은 물론 세계로부터도 고립되게 됩니다. 이때부터 중국과 러시아는 크게 반발하지 않았습니다. 프랑스는 2007년 말 파리에 온 카다피를 호화롭게 영접했던 과거를 지우기 위해 노력했습니다. 또한 리비아 군대는 NATO 회원국들에게 어려움을 일으킬 만큼 강력하다고 여겨지지 않았음에도, 부차적인 불상사나 피해를 줄이기 위한 정도로 규모를 제한했던 NATO의 군사적 개입은 거의 6개월이나 지속되었습니다.

이와 동시에 시리아에서는 바샤르 알아사드가 NATO의 개입에는 신경도 쓰지 않은 채 대규모 탄압을 시작했습니다. 걸프만의 이웃 국가들이 이 탄압을 지지했다는 점을 제외하고는 바레인에서도 마찬가지였습니다. 서방 국가들은 침묵하고 있었습니다.

리비아 개입은 오히려 일종의 현실정치의 승리를 보여줍니다. 카다피 체제가 불안하고 위험했지만, 그는 무엇보다 군사적으로 약했고 정치적으로 고립되어 있었습니다. 그러므로 그는 쉬운 사냥감이었던 것입니다.

44

몇몇 NGO는 심각한 일탈 행위를
저지르기도 합니다. 그중 하나가 바로
차드의 어린이들을 다르푸르 분쟁 지역의
전쟁고아들인 것처럼 위장하여 입양시키려
했던 '조에의 방주' 사건입니다.

NGO는
도덕적이다

개별적 이익에는 관심을 갖지 않고, 집단적 행복을 추구하는 NGO는 도덕적 외교의 상징이다.

젊은 자원봉사자들이 고국에서 수천 킬로미터나 떨어진 곳으로 가서, 그곳 정부의 행위, 또는 국가의 무관심 때문에 희생되는 이들을 구하기 위해 자원한 '국경 없는' 운동은 많은 이들의 마음에 감동을 주었습니다. 국가는 파렴치하고 현실주의적인 정치를 구현하고 있다고 여겨지며, NGO는 국제관계에서 자비롭고 사심이 없으며 인도주의적 행동을 한다고 알려져 있습니다. 이러한 인식은 잘못된 것은 아니지만 너무 도식적입니다.

무엇보다도 먼저 NGO는 단일 집단이 아닙니다. 일반적으로 사람들은 NGO를 국가나 국제기구에 속하지 않는, 공공의 이익을 위한 모든 조직으로 이해합니다. 이러한 도식에는 국제장애기구, 국경없는의사회, 국제사면위원회 등 고상한 대의명분을 위해 투쟁하는 행동적 유형의 NGO들이 해당됩니다. 또는 국제올림픽위원회 IOC나 국제축구연맹FIFA같이 좀 더 제도화되었으면서도, 활동성을 갖고 있는 NGO도 있습니다. NGO는 국제관계에 있어 다른 단체나 조직들과 차별성을 갖습니다.

NGO는 독립적으로 만들어졌으며 국가로부터 재정 지원을 받지 않기에 사립기구이고, 다국적기업과는 달리 이익을 추구하지 않으며, 정치적으로 독립적이기 때문에 NGO 회원들은 유럽 의회 의원들과는 달리 시민들에 의해 선출되지 않습니다.

NGO는 인권, 윤리, 공정무역, 분쟁 예방, 환경 보존, 개발, 무장 해제, 아동 보호, 여성 인권 옹호, 소수자 옹호 등과 같은 가장 민감한 국제 문제 토론에 참여하여 활동하기는 하지만, 종종 그들의 전문 분야에 속하는 특정한 영역에서만 활동하기도 합니다. 몇몇 NGO는 심각한 일탈 행위를 저지르기도 합니다. 그중 하나가 바로 차드의 어린이들을 다르푸르 분쟁 지역의 전쟁고아들인 것처럼 위장하여 입양시키려 했던 '조에의 방주' 사건입니다.

또한 국제적이기는 하나 순수하게 운영의 역할만을 하는 단체들도 존재합니다. 예를 들어 국제우표수집가조합, 국제표준위원회 ISO, 참전용사세계연합회, IOC, FIFA, 국제항공운송위원회의 경우가 그러합니다. 국제정치회의, 국제노동자연맹, 카다피재단 등과 같이 뚜렷한 정치적 목적을 갖고 있는 NGO들도 있습니다. 한편 경제로비 단체나 종교 당파(종파)들이 NGO의 좋은 이미지를 이용해서 자신들의 이미지를 긍정적으로 만드는 데 관심을 갖기도 합니다. 그것은 특정한 이익을 위한 허울일 뿐입니다. 마찬가지로 몇몇 비민주주의 국가들이 정부의 이익을 지지하는 위장 NGO를 만들어내는 경우도 있습니다.

45

그러한 추론은 부유한 나라들과 그렇지 못한
나라들, 필요한 기술을 개발할 능력이 있는
나라들과 그렇게 할 수 없는 나라들 간의
불평등을 초래하고 있습니다.

지구온난화는
기술의 발전으로
극복될 것이다

교토의정서같이 국제법적 성격을 갖는 제약들은 기후온난화 해결에 별 도움이 안 된다. 기후온난화가 매우 실제적인 위협이 되고 있다면, 그 해결책은 에너지 소비나 온실가스 배출을 제한할 수 있도록 해주는 기술의 발전으로부터 나올 것이다.

이러한 믿음은 전 미국 대통령 조지 W. 부시를 좇아 일부 미국 대중 사이에서 매우 유행했습니다. 그러나 이러한 시각은 기후변화의 위험에 대한 국제적 인식에 역행합니다. 이미 1992년 리우에서 열린 지구정상회의에서, 온실가스를 많이 배출하는 부유한 국가들이 가스 배출 규모를 1990년 수준으로 유지하자고 약속했습니다. 1997년 체결된 교토의정서는 법적 구속력을 가진 배출 감소 목표를 설정했습니다. 당시 미국은 7퍼센트, 일본은 6퍼센트, EU는 8퍼센트 감축을 수용했습니다.

그러나 세계 최대 온실가스 배출국인 미국은 2001년에 이 의정서를 승인하지 않기로 결정했습니다. 마침내 2005년에 발효된 교토의정서는 미국, 오스트레일리아, 터키를 제외한 156개국의 승인을 받았습니다. 2007년 G8 정상회의에서 참가국들은 2050년까지 온실가스 배출량을 50퍼센트 감축하기로 했습니다. 그러나 미국, 중국, 일본의 요구에 따라 이러한 결과에 다다르기 위한 제재조치를 정하지 않았습니다. 왜 미국은 온실가스 감축에 대한 구체적 약속을 거부하는 것일까요?

　대통령 시절 빌 클린턴은 이러한 조치들이 국가의 경제발전에 영향을 끼칠 것이라 판단하여 미국을 별도로 취급해달라고 요구했습니다. 이 주장에 대해 조지 W. 부시 대통령 또한 온실가스 배출에서 인간이 차지하는 부분이 과학적으로 밝혀지지 않았다고 덧붙였습니다. 그러나 좀 더 근본적으로, 이러한 자세는 외부의 제약에 대한 미국의 뿌리 깊은 불신, 미국의 기술적 우위에 대한 신뢰, 그러한 기술적 발전이 모든 문제를 해결해줄 것이라는 믿음에서 기인합니다. 이에 따르면 지구온난화 문제 해결은 가까운 미래에 커다란 경제적 이득을 불러올 것입니다. 시장의 힘은 기온 상승과 싸우기 위한 움직임을 추진하기에 충분할 것입니다. 문제를 해결해주는 것은 시장이지 규제가 아닙니다.

　그러나 그렇게 생각하는 것은 기후온난화 문제의 심각성을 과소평가하는 것입니다. 그러한 추론은 부유한 나라들과 그렇지 못한 나라들, 필요한 기술을 개발할 능력이 있는 나라들과 그렇게 할 수 없는 나라들 간의 불평등을 초래하고 있습니다. 그것은 마찬가지로 지구온난화에 대한 싸움이 개인은 물론 기업의 행동 변화를 통해 일어난다는 것을 망각하는 일이고, 오직 국가만이 이러한 행동을 시작하는 데 필요한 권위와 적법성을 가지고 있다는 것을 망각하는 일입니다. 무언가 의미 있는 결과를 가져오기 위해서는 이산화탄소

배출 쿼터제 같은 규정, 제약적 규범, 탄소세같이 가스 배출자가 돈을 내도록 하는 세금 규제, 경쟁력을 갖추기까지 미래가 촉망되는 기술을 재정적·법적으로 지원하는 제도, 연구개발 방향에 관한 규정, 국가의 역할 등 국가에 대한 제약적 국제규범이 필수적입니다.

그럼에도 불구하고 미국과 중국은 여전히 국제규범에 의한 규제를 꺼리고 있습니다.

46

경제적 효과도 중요하지만, 더욱 중요하게
여겨지는 것은 국가의 위상입니다.
미디어에서 스포츠 행사가 방송되는
동안, 해당 국가는 세계의 중심이 되기
때문입니다.

월드컵과 올림픽은
순수한 스포츠 행사이다

4년에 한 번씩 열리는 월드컵과 올림픽은 미디어에 가장 자주 등장하는 세계적 스포츠 행사이다. 월드컵은 세계에서 가장 인기 있는 스포츠인 축구 종목의 세계 대회로 각 대륙에서 치열한 예선을 거친 32개 팀들이 모여 본선을 치른다. 또한 세계 각 나라들은 여러 가지 다양한 스포츠 종목을 아우르는 올림픽 경기에 선수들을 보내기도 한다.

이 스포츠 행사들이 보여주는 놀라운 경기력과 다채로운 장면들 앞에서 수많은 관중은 열광하게 됩니다. 텔레비전 덕분에 전 세계에서 이 경기들을 관전할 수 있으며, 이 두 행사는 지구상에서 사람들이 가장 많이 시청하고, 가장 인기가 많은 스포츠 행사입니다. 그러나 이 행사들은 단순히 스포츠 경기만으로 이루어진 게 아닙니다. 이 행사들의 전략적·지정학적 영향력은 점점 더 커지고 있습니다. 세계화로 인해 국가 정체성이 흐릿해진 지금, 이 스포츠 행사들은 민족 정체성을 새롭게 정의합니다. 국가대표 축구팀을 응원함으로써 사회적·민족적·종교적·문화적 분열을 뛰어넘게 되고, 국가대표팀은 민족 정체성의 연결고리가 됩니다. 텔레비전 화면에서는 국가대표팀과 이를 응원하는 국민들을 보여줍니다.

올림픽 기간에 각국은 좋은 성적을 내기 위해 노력하며, 국가의 힘은 메달 수에 따라 계산됩니다. 우리는 소프트 파워soft power의 한복판에 있습니다. 냉전시기에 서방과 공산권의 경쟁은 올림픽 경기까지 이어지곤 했습니다. 각 체제는 서로 더 많은 종목에서 금메달을 따서 우월성을 과시하려 노력했습니다. 오늘날도 마찬가지로 각 나라들은 자국의 국제적 스타들을 이용해 주목과 존경, 호감을 불러오고자 합니다. 역사가 깊은 나라든 신생 독립국이든 스포츠 행사를 통해 국가를 대표하는 것이 UN 대사를 통해 국가를 대표하는 것보다 훨씬 더 효과적입니다. 따라서 FIFA나 IOC에 들어가는 것 역시 국제기구의 회원국이 되는 것만큼이나 중요합니다.

개최지 선정 또한 치열한 경쟁의 장이 됩니다. 경제적 효과도 중요하지만, 더욱 중요하게 여겨지는 것은 국가의 위상입니다. 미디어에서 스포츠 행사가 방송되는 동안, 해당 국가는 세계의 중심이 되기 때문입니다. 2016년 올림픽 개최에 뛰어든 네 도시의 국가 원수와 정부 수반이 2009년 IOC 앞에 나타나 자국의 올림픽 유치 당위성을 홍보한 것은 우연이 아닙니다. 도쿄, 마드리드, 시카고, 리우데자네이루는 막상막하의 경쟁을 펼쳤는데, 이 중 지정학적 기준이 크게 작용한 브라질 리우데자네이루가 개최지로 선정되었습니다. G20이 G8을 대체하던 바로 그해에 IOC가 역사상 최초로 올림픽 개최국을 남아메리카 국가로 선정한 것은 IOC가 세계의 역사와 함께하고 있고, 나아가 새로운 역사를 쓰고 있다는 것을 보여주려는 의도였습니다. 2010년 6월에는 남아프리카공화국이 월드컵을 개최했습니다. 이렇게 큰 스포츠 행사가 아프리카에서 개최되는 것은 처음 있는 일이었으며, 유치 경쟁에 넬슨 만델라가 참여한 것이 월드컵 유치의 결정적 요인이 되었습니다. 많은 평론가들이 남아프리카공화국의 능력에 대해 걱정했으나 월드컵은 성공적으로 끝났습니다. 마찬가지로 중국은 2008년 올림픽 개최를 통해 강대국으로서 세계의 인정을 받았습니다.

2018년 월드컵 개최국으로 러시아가, 2022년 개최국으로 카타르가 선정되자 논란이 일었습니다. 그러나 FIFA는 아직 월드컵을 개최해본 적이 없는 국가에 기회를 줌으로써 축구 인구가 계속해서 확대되기를 원했습니다. 카타르는 세계적 메인 스포츠 행사를 개최하는 첫 아랍 국가가 될 것입니다.

47

프랑스에 대해 '친아랍적'이라고 비난하는
것은 편파적이고 균형 잡히지 못한 국가로
보이게 함으로써 프랑스가 취하고 있는
중동 정책의 신뢰성을 떨어뜨리는 데
목적이 있는 것입니다.

프랑스는
사르코지 대통령 이전까지
친아랍 국가였다

프랑스는 UN에서 일관적으로 아랍의 입장을 옹호하고, 이스라엘-팔레스타인의 분쟁에 대해서는 이스라엘을 비난하는 것으로 보인다. 이런 입장이 된 이유는, 프랑스가 아랍 국가들과의 관계에서 경제적 이익을 추구하고 있고, 프랑스 전체 인구의 8~10퍼센트를 차지하는 아랍 소수민족 세력이 선거에 있어서 중요한 존재가 되었기 때문이라고 알려졌다. 2007~2012년 사르코지 대통령 시기에는 이러한 전통과 결별하였다.

프랑스는 팔레스타인 사람들의 권리 보호의 최전선에 섰던 국가이기에 친아랍적이라고 여겨집니다. 반면에 미국이 이스라엘의 거의 무조건적인 동맹국이라는 것은 사실입니다. 미국은 이스라엘이 팔레스타인 사람들에 대한 정책이나 UN 결의안 불이행으로 규탄받는 것을 막기 위해 UN 안전보장이사회에서 종종 거부권을 행사했습니다. 더구나 미국은 이스라엘에 연간 30억 달러에 달하는 큰 규모의 군사 원조를 하고 있습니다. 유럽이 미국과 반대되는 입장을 취하는 일은 드뭅니다. 독일 같은 경우는 이스라엘 문제가 거론되면 2차대전 당시 나치의 유대인 학살로 인한 역사적 책임 때문에 움츠러들게 됩니다.

프랑스의 정책이 친아랍적이라 여겨질 수 있는 것은 단지 미국의 정책과 비교되었을 때뿐입니다. 실제로, 이스라엘-팔레스타인 분쟁 시의 미국과 프랑스의 의견 대립을 제외하면, 프랑스는 이스라엘과 매우 발전된 관계를 맺고 있습니다. 프랑스는 미국의 이스라엘에 대한 한결같은 지지와 몇몇 나라들의 침묵에 맞서서, 국제법이 표명하는 입장, 특히 이 문제에 관한 수많은 UN 결의안에 담겨 있는 입장을 견지하고 있습니다.

1967년 6일전쟁(3차 중동전쟁) 당시, 드골 대통령은 이스라엘과의 전략적 동맹관계를 파기했습니다. 그는 이스라엘이 주도하여 전쟁을 수단으로 삼은 것을 비난하며, 한 민족을 점령하는 것은 이스라엘을 힘든 시련 속으로 끌고 갈 것이라고 예견했습니다. 아랍 국가들과 프랑스의 첫 무역협정이 1970년대 초반에 가서야 체결되었기 때문에 1967년 당시에는 무역협정이 없었습니다. 또한 그 당시에는 아랍인들 중 프랑스 국적을 취득한 사람들이 거의 없었기 때문에 선거에서도 거의 비중이 없었습니다. 프랑스는 1970년대부터 본격적으로 경제와 무역을 발전시키면서, 특히 아랍 세계와의 관계를 발전시켜나가게 되었는데, 이러한 방향의 전환은 전략적 비전에 따른 것이었습니다. 즉, 프랑스는 자본주의 진영과 사회주의 진영의 대립 속에서 자신만의 고유한 위치를 확실히 하기 위해 파트너를 찾는 것을 목표로 삼고 있었습니다.

드골 이후로 프랑스 대통령들의 정치적 행보는 아랍 세계에서 큰 환영을 받았습니다. 특히 1989년 미테랑 대통령이 파리에서 팔레스타인 지도자 야세르 아라파트를 만나겠다고 한 결정과, 2003년

이라크 침공을 승인하는 UN 결의안에 대해 프랑스가 거부권을 행사한 것이 대표적 예입니다.

프랑스에 대해 '친아랍적'이라고 비난하는 것은 편파적이고 균형 잡히지 못한 국가로 보이게 함으로써 프랑스가 취하고 있는 중동 정책의 신뢰성을 떨어뜨리는 데 목적이 있는 것입니다. 프랑스는 다른 동맹국들에게 하는 것과 마찬가지로, 이스라엘 정부와 다른 견해를 표현할 수 있는 정치적 자유를 누리는 것뿐입니다. 니콜라 사르코지는 대통령 선거 기간 동안, 프랑스의 대아랍 정책 비판을 자신의 선거운동 무기로 삼았지만, 대통령 당선 이후에는 프랑스의 대외정책을 아주 부분적으로만 수정했습니다. 아주 크고 힘찬 목소리로 이스라엘과의 우정을 부르짖었지만 팔레스타인 국가의 설립을 지지하며 수많은 아랍 국가들과의 정치적·경제적 관계를 발전시켰습니다.

48

프랑스의 반미주의보다 더 문제 되고 있는 것은 미국이 독립적인 동맹국을 용납할 준비가 되어 있는가 하는 것입니다.

프랑스는
사르코지 대통령 이전까지
반미 국가였다

1966년 드골 대통령이 NATO 통합군 지휘권을 그만둔 것부터 2003년 이라크 전쟁에 대한 자크 시라크 대통령의 반대에 이르기까지 프랑스 외교는 반미주의에 의해 주도되었다. 이에 대해, 쇠락 중인 프랑스가 강대국 미국을 질투하기 때문이라는 지적이 있다.

프랑스는 미국처럼 세계적인 정책과 보편적 비전을 열망하지만, 더 이상 그 힘에 있어 미국에 비견될 수는 없습니다. 그러나 프랑스와 미국의 대립을 터무니없는 질투의 문제로 정리하는 것은 현상을 너무 단순화시키는 것일지도 모릅니다. 프랑스는 핵무기를 소유한 덕분에 독립적일 수 있었으며 자국의 안전을 보장할 수 있었습니다. 게다가 프랑스가 원자력 무기를 배치하고 난 후, 드골 대통령은 NATO의 통합군사기구를 떠났습니다. 그때부터 프랑스는 안보를 미국에게 맡겨놓은 다른 유럽 나라들보다 더 솔직하게 자국의 의견을 미국에 대항해서 말할 수 있었습니다.

1956년, 자국의 보호자였던 미국에 의해 수에즈 운하에서 밀려나면서 생긴 트라우마(1956년 영국과 프랑스가 운영하던 수에즈 운하에 대해 이집트가 국유화를 선언했을 때, 영국과 프랑스는 이스라엘의 군사행동에 가담하려 했으나 미국의 압력으로 포기해야 했다. ─옮긴이)는, 파리로 하여금 스스로 자국의 안전을 보장하고 싶은 욕구를 자극했습니다. 독립에 대한 이러한 입장은 프랑스에게 대단히 유리하게 작용했으며,

미국의 동맹국인 동시에 독립성을 갖고 있다는 매우 특별한 위상을 부여했습니다. 그로 인해 다른 유럽 국가들보다 외교에 있어 더 중요한 영향력을 행사하게 됩니다.

프랑스는 철저하게 일관성을 띤 반미주의는 아닙니다. 1962년 쿠바 미사일 위기라든지, 1961년 베를린 장벽 건설, 1980년대 유럽 미사일 논쟁, 1990~91년 걸프전 같은 심각한 위기 당시 프랑스는 확실한 미국의 동맹국으로 행동했습니다. 프랑스 정보국은 두 정부 사이의 표면적 긴장이 무엇이든지 간에, 언제나 미국의 정보국과 긴밀하게 협력해왔습니다.

더구나 프랑스가 미국에 노골적으로 반대했던 베트남 전쟁, 2003년 이라크 전쟁 등의 경우를 보면 프랑스가 틀렸다고 말할 수 없습니다. 해당 지역 주민들만큼 미국인 사망자도 다수 발생하고 고문에 대한 논란이 벌어지는 등 그 결과들이 끔찍했으며, 세계적으로 이 지역들의 안정성이 심각하게 우려되었기 때문입니다.

프랑스가 보이는 반미주의를 비판할 수 있지만, 그렇다고 해서 이라크 전쟁 발발 이후 특히 유행한 프랑스 후려치기French bashing 같은 폭력성을 잊어서도 안 됩니다. 만약 프랑스를 비하하는 농담이 다른 민족이나 인종에게 행해졌다면 인종차별주의로 여겨졌을 것입니다. 콘돌리자 라이스 전 미국 국무장관이 사담 후세인의 추락 직후 몇몇 국가의 이라크 전쟁 반대에 관해 "워싱턴은 러시아를 용서하고 독일을 무시하며 프랑스에게는 벌을 내려야 할" 의무가 있다고 확언했던 일이 있습니다. 프랑스의 반미주의보다 더 문제되고 있는 것은 미국이 독립적인 동맹국을 인정할 준비가 되어 있는가 하는 것입니다.

49

국가주권 원칙은 강대국의 내정간섭에 맞서
약소국을 보호하는 방법입니다.

국가주권 원칙이
폭군들을 보호한다

독재정권은 외부의 내정간섭에 반대한다. 외부의 내정간섭은 독재권력이 인권을 위반하거나 국민들에게 고통을 주는 일들에 대해 문제를 삼기 때문이다.

1933년 국제연맹League of Nations 앞에서 나치 고위관리 요제프 괴벨스가, 한 유대계 독일 시민이 히틀러의 기본권 침해를 이사회에 고발했던 것에 대해 이렇게 말한 적이 있습니다. "석탄 상인도 자기 집에서는 주인입니다. 우리는 주권국가입니다. 이 개인이 말한 모든 것은 우리와 관련이 없습니다. 우리는 우리나라의 사회주의자, 평화주의자, 유대인들에게 우리가 하고 싶은 대로 합니다. 우리는 인류의 통제도 국제연맹의 통제도 받을 필요가 없습니다." 국가를 넘는 어떠한 권위도 없음을 규정하는 국가주권 원칙은 독재자가 자신이 원하는 대로 외부의 간섭 없이 자국의 국민을 학대하는 것을 가능하게 합니다. 따라서 국가주권은 다른 인류나 국제사회의 통제권을 불가능한 것으로 만들고, 독재정권의 사형 집행인들로부터 국민을 지키지 못한 채 그대로 내버려두게 합니다. 그러므로 국가주권은 오히려 사형 집행인들의 보호장치가 될 것입니다.

그러나 국가주권을 국가 독립의 원칙으로 바라보는 또 다른 시선도 있습니다. 특히 나치 독일이 국가주권 원칙을 위배해가며 다른 나라들을 공격했던 것을 교훈 삼은 UN이 UN헌장에서 국가주권을 바라보는 시각이 그렇습니다. 국가주권 원칙은 강대국의 내정간섭에 맞서 약소국을 보호하는 방법입니다. 물론 독재자들이 이 원칙을 언급할 수 있지만, 마찬가지로 주변의 더 강한 나라들이 침을 흘리며 노리고 있는, 덜 강한 민주주의 체제 국가들이 이 원칙을 언급할 수도 있습니다. 내정간섭 원칙은 국가주권 원칙을 반대하는 것입니다.(이 책 33장 '내정간섭은 진보적인 생각이다'를 참조하면 좋을 것이다.) 그것에 대한 도덕적 이유가 언제나 언급되기는 하지만, 반드시 그런 이유에서만 이용되는 것은 아닙니다.

전 UN 사무총장인 코피 아난이 '보호책임 원칙'을 언급한 것은 국가주권 원칙이 독재자들에 의해, 내정간섭 원칙이 강대국들에 의해 도구로 사용되는 것을 동시에 막기 위해서였습니다. 2011년의 UN 결의안 1973호에 의해 채택된 내정간섭 원칙은 카다피 대통령에 대항해 반기를 든 벵가지 사람들을 보호하기 위한 것이었습니다. 러시아와 중국이 기권했기 때문에 결의안이 채택될 수 있었습니다. 그러나 미국, 영국, 프랑스의 개입이 민간인 보호를 넘어 고전적인 내정간섭으로 변질되면서, 군사적 개입은 폭도들과의 교전이 되어버렸습니다. 이로 인해 앞으로 내정간섭 원칙이 작동하는 것은 더욱 어려워질 것입니다.

50

각각의 상황에 따라, 국가들은 보편적 이익
추구에 관심을 갖기도 하고 그에 따른
행동을 하기도 합니다.

국가는 파렴치한
정책을 이끈다

국가는 인간의 고통에 무감각하며 보편적 이익을 추구하지 않는다. 국가들은 종종 '냉혈의 괴물'이라 불린다. 국가들의 경쟁심과 반목은 지난 세기 동안 최악의 재앙들을 불러왔다. 국가의 이익은 종종 보편적 이익과 상반되는 것으로 여겨졌다. 거짓말, 침략, 탄압, 대규모 학살 등이 국가 정책에서 일상적으로 행해진다.

모든 국가들이 파렴치한 정책을 수행한다고 단순하게 말하는 것은 지나친 일반화입니다. 이는 민주주의와 독재, 평화주의 체제와 호전적 체제, 오랜 개방의 전통이 있는 나라와 근본적 자유를 존중하지 않는 정부를 어쩔 수 없이 따르고 있는 나라를 모두 동일 범주에 놓는 일입니다. 몇몇 나라들은 도덕적 외교의 전통이 있는데, 북유럽 국가들이나 최근의 벨기에가 대표적입니다. 그들은 제3세계에 대한 원조, 군비 축소, 분쟁 해결 등의 문제를 위해 지속적이고 반복적인 노력을 기울여왔습니다. 당연히 이 나라들이 힘의 정책을 포기했기에 중재자의 역할을 할 수 있는 것이라 말할 수 있습니다.

그렇게 말한다면 국가는 한 국민의 보편적 이익의 결정의 장으로, 그리고 민주주의가 존재한다면 그 민주주의를 표현할 수 있는 다양한 대표자들의 중재의 틀로 남게 됩니다. 그러나 국가는 오직 도덕적 기준에 의해서만 정책을 주도하지 않습니다.

그렇기 때문에 각각의 상황에 따라, 국가들은 보편적 이익 추구에 관심을 갖기도 하고 그에 따른 행동을 하기도 합니다. 국내적이든 국제적이든 여론의 압력은 국가에게 도덕적으로 정책을 펼치도록 자극할 수 있습니다. 특히 지도자를 투표로 뽑는 민주주의 체제에서 그렇습니다. 그러나 지역 분쟁의 위험 시기에 여론이 공공의 안전을 우선시하는 정책을 부추기는 경향이 있을 수 있는 것은 사실입니다.